名木田 薫 著集 3

天 地 人
―世からイエス固着へ―

名木田 薫 著

大学教育出版

は じ め に

　本書第1部は、信仰探求上のある一定の点へ達した境涯に立って、それまでの経過を反省した性格のものであるから。それに対して第2部はそうではなく、基本的には先のある一定の点からさらに先へと進みつつある心境の中にあって記したものである。したがって、それら双方はかなり資質の異なったものが組み合わされていると判断している。

　だが異なった資質とはいえまったくの別物なのではない。いわば前後という関係にあって相互に深い繋がりを有している。もっともその事情が本書での表現の字面の上で見られるわけではない。しかし、第1部に記した如き内容の事情があったればこそ、第2部に記したような内実へ達した点において、第1部と極めて深い関係を有する。

天地人 ― 世からイエス固着へ ―

目　次

はじめに ……………………………………………………………………… *i*

第1部　世にありて

第1章　孤独と実践 ………………………………………………………… *3*

第2章　世に属さぬ者とは ………………………………………………… *23*

第3章　救われた集団 ……………………………………………………… *41*

第4章　全方位展開 ………………………………………………………… *71*

第5章　狭き門 ……………………………………………………………… *103*

第2部　「天地」へ向けて

第1章　十字架を負う意味 ………………………………………………… *125*

第2章　世と霊 ……………………………………………………………… *149*

第3章　良心と終末 ………………………………………………………… *165*

あとがき …………………………………………………………………… *195*

第1部

世にありて

第1章

孤独と実践

孤　独

（一）転職先なしで辞めても安易に牧師になるべきではない。既成の教会の牧師では自己の活動に枠をはめられ自由な発言、活動ができなくなるから。孤独に耐える道を行くべきであろう。そしてもし自己の周りに自然に人の集まりができ、それが教会になるのならそれでよかろう。だが努力してまであえて教会を作ろうとはしないがよい。孤独に耐えて徹底して真実を叫ぶべきである。旧約の預言者はみなそうであった。祭司はそうではなかった。預言者は君主からも民衆からも決して歓迎されなかった。牧師は祭司に対応しよう。ゼロから信仰を問えば祭司より預言者寄りとなろう。辞職するにしろ牧師になるにしろ孤独に耐えることが基本である。だが孤独とは単に離れることではない。集団の中にありつつ受け入れられなくてそうなっている。かくて現状そのままで集団から離れていては孤独に耐えてではない。まず集団の中へ入ることを第一に考えねばならぬ。その上で孤独に耐えることが生まれよう。集団の中にいて自己の周りに教会ができるのなら作るもよかろう。だがこちらから意図的にそうしようとはしないがよい。そんなことをすると妥協的なことになってしまう。自己で教会を作ることと孤独に耐えることとは結局一に帰してしまう。大学から疎外されたら牧師にもなれぬわけだが、それは中途半端な信仰者から按手礼は受けられないとの気持ちからであろう。これはそういう仕方で現体制の中への組み込みは受容できぬところから由来する。だが現教会体制を改革するとの観点からあえて牧師にという道もありはせぬか。中世の如く一体制ができ上がっていれば改革は問題外だが、現在の教会のように種々の問題で揺れ動いていれば改革の余地があろうから。

　つまり自己が例えばルターのように追い出されることなく、改革が可能では

4 第1部 世にありて

ないのか。考え抜くことと実践とを直結する如き信じ方が求められてはいないのか。実践、研究双方行うのは困難を伴うが、その時の研究はもはや研究のための研究ではない。独創的なものを生む研究である。実践においても苦しむことなしにはそういうものは何も生まれない。牧師の仕事はその教会を維持することである。福音を語ることはその次のことであろう。即ち福音自体を包み隠さず語ってはたして団体としての教会が維持できるか疑問である。分解するかもしれない。自我崩壊しながら直には行動し得ぬのは神を信じるという積極面がいまだ不十分だからであろう。禅であれば自我崩壊がいわば終点であってそれ以上はなくすぐに行動へもありうる。両信仰間でこういう差があろう。そういう積極的面はキリスト信仰者との交わりの中から得られよう。そういう仕方で神のリアリティと出会えばもはや既成の教団へ舞い戻ることなど考えられない。そんな必要がどこにあろうか。疎外の極致でそこへ達したのだから。

　要は神と出会い火と燃え上がるか藻屑と消えるかの二者択一である。孤独に耐えるとなれば文書でアッピール以外方法がなくはないか。人を集めようとしても資格も地位もない。そういう人の周りに人が集まろうか。文書であればそういう外見は分からない。少なくとも直には見ないので。その分人が接するのに抵抗が少ないであろう。各派の主流的人々は主流の教会へ集まっていよう。これは世俗の世界と同様である。そういう人を偉い人と思っている人たちである。ゼロから問う如き人間はそういう世界へは受け入れられず馴染めまい。反発的なことばかり考えたりいったりすることとなろう。荒野で呼ばわる者の声であるほかないのではないか。仮に実践するのなら主流的なところからあまりにも外れたところはかえってよくない。関係がありつつ外れつつである。華やかなところへ出て行ってでは決してない。イエスもイスラエルの中ではあるが飼い葉桶の中に寝かされている（ルカ2, 6以下）。洗礼者ヨハネも荒野で叫んでいる（マタイ3, 1）。まったく無関係の世界ではないが、主流からは外れたところである。主流的なところにはやはり主の御霊は宿らない。

　（二）以上のように時所位は異なるが、人の罪への神からの対応が示されている。そういう状況を前提として人はどのように応じればよいのかが問題である。既に既成の信じ方がある場合にはそういう信じ方に達したら、後は実践しかないということはよく分かる。だがそうでない場合には信仰自体をできるだけ正

第1章　孤独と実践　5

確に伝えねばならぬのでそうはならない。如何に既成の信じ方に達するといって
も、もちろんそこには多少の相違やズレ程度のことはあろう。だが当人が基本的
にいって規制の枠内で求めていき、そして達しえたというのであれば、信じ方も
基本的にいって規制の枠内のものと判断してよいのではないのか。組織に同化し
えている場合にはその人個人としては研究だけ、実践だけということも不可能で
はないであろう。だがゼロから思索していわば禅とキリスト教が一つになったご
とき信じ方をしている場合にはそういう信じ方に基づいて実践上の種々の問題に
ついてどう考えるかは他人任せにできぬところがあろう。本人が自らせねばなら
ぬ一面も生じよう。信仰を人に伝えるのにその昔は人に直接伝える以外方法がな
かった。だがこれでは正確には伝わらない。現代では文書にしておくと正確に伝
わりはしないか。できるだけ敷衍して。仮に何千人、人を集めても正確に伝える
ことはできまい。むしろそういう人集めにエネルギーを割くよりも、文書で敷衍
するほうが合理的ではないか。だがそうすればするほどその時代の、現にそこに
生きている人々を集めたり、そういう人々から賞賛されたりという契機は減少し
よう。実践的なことと研究的なこととはもしできさえすれば双方同時にやってい
けばよい。二者択一である必要はないであろう。当人自身のうちに信仰が宿って
さえいれば、もはや他の人々の書いたものを読むことはあえて必要のないことで
はあるまいか。むしろ内省することによって真理は顕になってくるのではないの
か。かくて研究界から足を洗うことも可能ではないのか。むしろそうでなくては
ならないことはないのか。

　このように考えてくると、後は実践あるのみとなる。そしてその実践に伴って
の内省とである。それ以外に何もなくなる。単なる研究者と求道的に問う人との
相違であろうか。二律背反の一面があろう。前者は後者をその意味、価値を十分
には理解し得ぬので軽く見てしまうのではないのか。あるいはそれは杞憂であろ
うか。もしそういうことであって結局最後は実践というところへ至りつくのであ
れば、勤務先をあちこちと代わってみてもあまり意味のあることとはいえない。
当人自身のうちに真理が宿ってさえいれば、そこにはもはやキリスト教も仏教も
ない。存在するのは当人自身のみである。それでよいのだ。さらにいえばそうで
なくてはならない。そうであるほかない。パウロでもそうであろう。あれはいわ
ばパウロ教である。既成の一切から脱した独自のものであり、そうであり続ける

6 第1部 世にありて

ことへの決断である。これはなかなかの困難を伴う。困難なことへの決断がやはり一番困難なのである。かくて時間をも要しよう。他人の考えの研究というのであればすぐにでも決断可能であろう。仲間が多いのでそうすることへの不安もそれだけ少ない。その分安易なことなのである。安易なことであればあるほど真理からは遠い。他人の後を追いかけるごときいわば一種の伝染病にキリスト教界全体が取り付かれているのではあるまいか。たとえ仮に自分が実践しても来る人々とは、どこにでもある教会へ行っているような人々であろう。

　一口にそういう教会といっても、各々の教会、牧師の有する個性によって来る人々は各々個性はあるであろう。だがそういう人々に共通することは自分自身のこととして考え抜いているわけではないので、本当に信仰がどういうものか分かってはいないことである。牧師すら信仰が如何なることか分からずに実践を行っているのではないのか。そういう人々を来させるために多大な労を割いてどういう意味があるのか。できるだけ敷衍して細かく考え抜くほうがよくはないのか。自分自身のこととして考え抜かずに信仰の何たるかが分かるはずはない。信仰に限らず何につけ自分のこととして考えずに分かるわけはない。そういうことのできない人々をいくら集めてもそこでは真には福音は伝わらない。ひとたび何かが起こると雲散霧消してしまう。特にキリスト教では神の側に主体があるので、人が救われることより、福音が伝わることのほうが重要であるから。このことはつい先ほど聖書の箇所について考えたことでも明確である。仮に自分が集会を始めても来る人々と自分との関係よりも他の教会へ来ている人々との関係のほうが深いであろう。というより本質的にそうであるほかないことなのである。自分のこととして考えぬかない限り、人は否応なしに一つの罪の大海の中に沈んでいるほかはない。自分と来る人々との引力より他教会へ来ている人々とそういう人々との引力のほうが何倍も強いであろう。個人のこととして信仰を明らめたら後は実践というのは一般的な場合での話と思わざるを得ない。信仰とは何かと問い仏教も入った形で信仰へ達した場合、孤独ではあってもそれを文書に表すしか道はない。そうであると腹が決まればどんな状況になっても耐えていけよう。そういう場合、大層にいえば地獄の中でというのは周囲の人々が自己を理解していないことである。イエスにしても周囲の人々が彼を理解せず十字架につけたのであった。神を信じようとして求めていくことが彼らに受け入れられないことを意

味する。世俗の世界の中にある者はすべて原則としてそういう世界を唯一の世界として受け入れており、したがってそこでの存在価値を追求して生きているに過ぎない。個人にしろ団体にしろ同様である。そこで世に属さぬ信仰を求めることはこういうこととは背馳する。そこで周囲の人々の理解は得られない。結果、当人にとってそこが地獄となってしまう。逆に人々が理解してさえいれば当人にとって地獄はなくなる。

（三）自分自身が実践すればやはりしないのと比べて、当人の信仰の前進があるであろう。たとえただ一人の人さえ自分のところへ来ることなくともそうであろう。否、むしろ人は集まらぬほうがかえって自分自身の信仰はそれだけ深化するのではあるまいか。なぜならそのほうが人々からより深く自分が分けられた存在であることが分かるから。ますますそれだけ信仰は深化するからである。思えば世全体が神のほうへ向かって回心するなどということはそもそもありえない。かくて実践することによって深まっていくのは自分の信仰しかない。他の人々の信仰が深化することなどはそもそもないといってよい。他の人々の心が安らぐということはありえよう。だがそれはそういう人々の信仰が深化したことを意味しない。だから人々の心を安らがすのを目的にするがごとき実践を行ったのでは意味があるまい。やはり真の信仰とはこういうことであるということをアッピールしていくべきである。その結果、誰ひとり来ずともそれでよくはないのか。信仰とはそういうものであろう。

孤独の徹底

（一）人によっては今から世へ出て行ってもどの道自分の納得のいくほど世へ出て行くことはできはしないと思うこともあろう。中途半端なことに終わるのみであろう。むしろ反対に出ては行かないところにこそ自己の自己たるゆえんを持って生きるべきだという人もいよう。世に仮に認められるとしても死後だということは死後の生命を信じることとも呼応している。もっともその生命は決して世での生命ではないが。世の人々へアッピールしようとすれば、どうしても世のことへ同調するところが出てくることは避けがたい。それは例えばカトリックでも今では神棚を祀ることを許していることでも分かる。本当をいえば許されないことであろうが。かくて世にアッピールしようとすることと信仰自体とをどこま

でも純粋に問うていこうとすることとは二律背反的なところが残念ながらあることは否めない。かくて今までそうしてきた人はどこまでも純粋に信仰を問うことを進めるのがよいであろう。さもないと今までやってきたことが中途半端になったり、挫折したりになりかねない。特に深く考えて信仰を純粋に問おうとする場合はなおさらであろう。以上のように考えると、世に出て行こうとすると、自己自身が不純になっていく危険が生じてくることであろう。もっともアッシジのフランシスのような仕方で信仰を求めている場合にはそういうこともないであろうが。

　以上でいわれている人の罪を思うとき、神の許にある真実へ至るには人は一度地獄の火で焼かれる必要があろう。どうしても一度は通らねばならない門といえる。生命へ至るためのそれである。避けてはならない。もし避ければ生命をも共に避けることとなるからである。一切を神に委ねることを一度はせねばならない。そうするまではそういう真実へ至ろうとしていた。つまり自分としていわば何かを得ようとしていた。たとえそれが信仰というものであったとしても。以後はその得たところを信仰のために捨てることが逆に当人の行くべき道となろう。そうして信仰もまたさらに前進して一種の堂々巡りに陥らないことが可能となろう。捨て続けることで当人の思索もどこまでも前進し続けられる。「あなたが蒔くものは、死ななければ命を得ないではありませんか。」（第一コリント 15, 36）ということである。蒔くことができるにはまず自分が至るべきところへ至っていなくてはならない。そこまで至っていれば自分が自分のためにすべきことはもはや何もないことが分かる。だが今さらそれまでとは異なった道は自分にとってはもはや存してはいない。かくて他の人々へ信仰を伝える、つまり蒔くことが務めとなってこよう。

　自己使命感 ― 救済史のインストルメント ―

　他への批判としてはその時最もしたくはなくて、しかもそれが宗教的意味を持つ社会的活動をあえて行うことが「キリストがわたしの内に生きでおられるのです。」（ガラテヤ 2, 20）といえるには必要ではないか。すると学会での発表が適切ではないか。自己のいきたくはないところへ引き出されて、その分余計に自己が主のものであるという意識が生まれよう。そういいうる状況になって初めて信仰の何たるかが真に分かる。またそういう心境で研究してこそ信仰を明らめう

る。悪条件の中での疎外ゆえの社会的活動への拒否反応では、パウロの如き信仰的成長は期待薄である。

　反対に好条件にある人間は最初から信仰的成長の芽を摘まれている。パウロ的成長には悪条件の下での努力が不可欠である。彼も決して恵まれた条件下でではなかった。主流はエルサレム教団であったであろうから。そういう状況下で活動したからこそあれだけの信仰的成長をなしえた。彼での「サウル、サウル、なぜ、わたしを迫害するのか。」（使徒言行録9, 4）という声にも匹敵する〝あなたはなぜわたしを避けるのか〟とでもいう声を聞かねば既成の教会へは復帰できないのではないか。それが特殊なキリストの知的体得を意味しよう。復帰とキリスト知的体得とが一である。主から直に復帰せよとの声を聞かぬ限り戻れなくはないのか。主が直接そういうのならこちらが是非をいうことではなくなる。しかも戻らぬ限り教会にどういう問題があるかについて十分な理解を得ることは不可能であろう。

　かくてぜひ戻らねばならぬがどうしても戻れないというジレンマに陥っている。主が直に指示せぬ限り身動きできぬ。深く考えてという場合は、誰でも苦しんでいる人へ福音をではなく、ある程度自覚を持つ人々へとなろう。これは伝道しても信じる人がなければ靴の塵を払って他所へ行ったという教え（使徒言行録13, 51）とも関連する。単に人の救いのためではないことと関わる。だが苦しむ人を直接対象にせずとはいえ、伝えようとすれば相手の人はすぐ何らかの疑問を持とう。かくて疑問、自覚を持つ人と苦しむ人とを分けて考えるわけにはいかぬ。伝えようとすることと信じようとすること、疑問を感じることとは同時である。具体的に考えて、伝えようとする人とそこから生じる疑問を解こうとする人とが別であっても一向に構わぬ。同一人である必要はない。別人であっても本来は同一人であるし、そうあるべきである。それが現在の文化の複雑化に応じて別人となっている。考える人なしでは根付かないし、反対に伝える人なしでは種が蒔かれない。

　（二）自己が集会を作るところまでいかなくてはという思いが消えない。すべてのことは最終目標から決められてくるから。信仰自体を問うという初志貫徹のためである。ただ単なる一学会員で終わってはいけないことはないのか。旧約では各預言者は預言の内容というものを持ち合わせていた。民族が常に危機的状況

に置かれていたから。一方、現在の日本はどうか。かつてのイスラエルの如く他民族の攻撃があるわけでなし安穏な日々を過ごしても支障はない。

さて、そういう状況の中で預言者的活動としては何があるのか。何かそういうことがあるのか。何もないのではないか。かつてのイスラエルだと目前の危機を民に向かって預言する。終末の如きをいつか分からぬこととして民に向かって語る如き預言は聖書の中にはない。パウロには終末は差し迫ったことであった。今の時代ではいつか分からぬ終末を預言内容にすることはありえぬ。今の日本では終末がすぐに来るのでもなく、人は忍耐して神の干渉が現れるまで待つことである。待つことが大切である。ニヒリズムの盛んな今、神が姿を隠されている中で、それに耐えて生きていくのが神を信じる人の生き方ではないのか。禅での無我の如きところを通っていればそうできよう。旧約時代を見ても神が民へ顔を隠した時も多々あった。耐えること、神のために耐える—そういうことである。終末到来を期して待つのではもはやない。パウロの時代で終末は遅延した。それをいつまでも待つのではいけない。それでは人の信仰はダイナミズムを失い硬直したものとなろう。いずれ終末はあるかもしれぬ。神はこの世界を創造しいずれよりよいものへと導くであろうから。だが今はそういう終末を待つのでなく神が姿を隠した中で耐えるのがキリスト者の務めである。しかも耐える中でこそ神を称えうる。この世界の中へ神が直接姿を現すことはないのでこれは当然である。すると耐えることを宣べ伝えるのが預言の内容となる。それしか考えられない。そういう時が旧約中にもありはせぬのか探求の必要があろう。旧約というと、長年月間には現代に類比的な時期もあったのではないか。ただこういう考えに基づいて実践しても人は集まるまい。いつの時代でも真実の宣教に多くの人が耳を傾けた例はない。少数の人が来ればよいほうである。しかし少数でも集会をするのとしないのとでは大きく違う。当人の信仰のあり方において。つまり一人で主催の集会では世に対し絶対の一人として立っている。いかなる他のものによって支えられることなく。そうなれて初めて救済史のインストルメントになっている。一方、集会なしはまだ自己が全存在として信仰の当体自体になりきれていない。

（三）たとえ現状が地獄といってもそれが宗教的性格を持たねば不十分ではないか。否、そうではない。信仰を問うていきそうなった以上現状は宗教的性格である。ある人が誰かの考えに共鳴しつつ同時に別の人の集会へも来ることはでき

まい。そういうことが許容されるのなら自己が地獄に置き去りにされることもない。興味本位連が幅を利かす状況はもはやサタンが支配しているとしかいいようがない。かくて自己が学会で真実を訴える場合サタンへの挑戦である。サタンは真実が明るみに出ることを妨げ興味本位の者を偽預言者に仕立て学会を支配させる。現状では学会活動もし難いとはサタンには思う壺である。サタンはあらゆる策を使って真実の封じ込めを画策する。反対に自己としてはあらゆる方法で真実を顕にせねばならない。さもないと宗教的、特にキリスト教的真実は世にあっては無視されるほかなき宿命ではないのか。サタンの実在については人が冷静に知性的判断をする限り肯定も否定もできない。自己の仕事への妨げばかりが働く状況を見ると、サタンが実在していても不思議はないと思えるようになった。かつては仕事が困難なほうへ仕向けられてもそれをサタンとの関係で考えることはなく、ただその時、その場での関係する人間の仕業としてきた。だがさらに深くサタンとの関わりで考えることは一つの進歩かもしれない。もっともサタン実在も人間個人の体験との連関で考えうるもので、ただ客観的に見てもどちらともいえない。

　（四）確かに牧師の仕事自体は魂を救うことであろう。だがそれが組織としてなされている。かくて仕事自体と組織を切り離しては考えられない。すると既成の教会の牧師というのは問題があろう。外国へ行きそこの教会などを体験後は自国で牧師になり骨をうずめようと思ってもそれはできまい。できれば天国だが、そこの教会の人々と心が一つになることができるのか。自己が牧師になったら大学教員とも一体の牧師社会の中に居れなくはないのか。だがそういう社会に背を向けていてよいのか。自己からそこへ入っていき少しでも変えていく力にならねばならぬことはないのか。避けるのではなくて自己が改革の原動力とならねばならぬことはないか。入っていき真実を叫んで疎外されるのならそれでよくはないのか。それこそイエスに従うことではないのか。そういう力になろうという気力が湧いてこないのは、まだ真に自己が主によって捕らえられていない内面のところが残っているからではないか。自己が牧師になれば周囲から種々意見や文句が出るとか不安がある。そういう状況はすべて自己の身を捨て切れていないという事態が根本にあるからであろう。こういう言葉が自己の口から出る要がある。自己の通う教会から牧師にと請われればなってもよいと心の準備ができていても、

12　第1部　世にありて

見ず知らずの教会へ試験を受け資格を取って赴任というのは疑問に思う。そうまでして実践すべきか。現体制にはまり込むだけではないのか。それよりは社会の表面に出ることなく疎外されたままのほうが有益な仕事ができはせぬか。キリスト者にふさわしくはないか。信仰とはこのように一義的にその形を決め得ない。機に応じてどのようにも変化しうるであろう。これも無碍の一環である。信仰的、無的主体とはこういうものではないのか。何かでなくてはならぬことはない。現体制の中で牧師が真に信仰を具現している存在なら別かもしれぬ。イエスの頃の祭司階級同様職業化している一面があろう。牧師になる、ならぬについてもこのように自由でなくてはならぬ。正にも負にもいかなる囚われもあってはならぬ。たとえどこかの教会へいっても会員になるのでなく、そこへ来ている人々の意見を種々聞いてそれを自己の問題とするに留めてはどうか。疎外された状況こそイエスが盲目の人にいった（マタイ20, 32）ように、神の栄えの現れるための不可欠条件である。世俗界にしろキリスト教界にしろ実力相応の扱いを受けるのはそういう世俗化した社会へ同化していることであり、もはや神の栄えのためのインストルメントたる資格を永久に失っている。疎外状況こそまさに神の召命そのものである。それを続ければ必ず信仰の究極まで行き着けよう。というよりそういう状況が既に究極の状況であろう。だからそこまでいけたら問題はそこからどこへという如きではない。そこからは、先へも後へも行くところとてはない。そこが行き止まりの終点である。こういう状況の中でこう考えるには疎外状況がまさに神の召命だとの揺ぎ無き確信が不可欠である。この点が揺らげば続くまい。

　（五）ここで人として反省せねばならぬことは、自己へ関わる関係としての自己のあり方が変わるということである。つまり自己へ関わることからいわば自己の使命へ関わることへ、と。使命への関わりが強くなるほど、自己への関わりはその分弱くなる。自己への関わりはただ単に形式的なことではなくて、やはり自己を自己で処置しようという内容的なことが入っている。そこで使命への関わりが強くなるほど、自己への関わりは減少する。上は使命への関わり、下は自己への関わりという構成である。最初は使命より自己が大であろうが、次第に使命の比重が増し、ついには使命が自己に取って代わる。

　そしてそれがさらに自己より使命が大という形になってくる。ここでは使命が自己に代わって自己に関わることとなる。だからこそ死に際しては使命が主体に

なっているので、もう少し生きていれば、もっと使命を達成できたのにと思う。一方で死を恐れることとかただ長生きしたいとかという思いはなくなろう。使命が自己を使役している。使命が大切であればあるほど、もっと使命を果たしたいと思うのは当然である。かくて死に際してはもっと使命を果たすために長く生きられたらと思うのはきわめて自然なことであり、それでよい。というよりもそう思わないとすれば、それこそ不自然なことといえる。生きている間はただひたすら使命を果たし、死に際してはもっと長生きできたらもっともっと使命を果たせるのに残念という気持ちを持つこと ― これがキリスト者の生き様であろう。使命感が強いほど死に際してはもっとやりたいと思うので、残念という気持ちも強いであろう。ただ問題は使命が自己として生きているという場合、純粋にそうなりきっていないといけない。もし不純なものがそこに混じっていると、死に際して残念と思うのは当然の事でそれでよいといえないこととなろう。そのように口ではいっても、心ではやましい気持ちが生じてしまうであろう。生きることは即使命を達成することである。他には何の意味も無いものとなっている。

　キリスト教では各人が各々そのタラントを受けていて、それに基づいて各々の務めを果たしている。そしてそういう務めを実践する行いの中へ罪も死も含めた意味での人の全存在が救い取られている。こういういわば使命の中で、中へと死ぬことによって死が越えられている。使命が自己の存在より大きい。そういうより大きい事柄のために一度死ぬことが成就していることによって、人としての死はもはや二次的なこととなっている。世に生きることを、務めに生きることにおいて一度死んでいるのである。そのことにおいて人の生命は既に世から離れて世を越えたところへ移っている。たとえ世にあって生きていても、世に生きることそれ自体にはもはや価値を置いてはいない。そこでたとえ世にあって生きることが死において終わることとなっても、そのことは当人の心の根底にまで影響力を及ぼすことはない。かくてたとえ死ぬこととなってももう少し続けて務めを果たしたかったという気持ちを持つことはあるであろう。だがこういう状況ではただもっと生きていたいという心が生じるのではない。世にあって生きること自体に価値を置いているのではないからである。

　しかしこういうことであれば、何もキリスト教には限るまい。世俗の中の事柄、例えば政治のことについても同じではないのか。民主主義の実現ということにつ

いても。だがこういう世俗内のことであれば、それ自体究極的価値のあることではない。そこでそういうことにおける務めを達成するために他の世俗の事柄に死んだとしても、人の心は究極的な意味では満たされることはできない。その限りにおいて人は世のこと、というより世全体に対して一回的に死んで世を越えたところへ命を移すことはできない。かくてキリスト教に対して一度世において死ぬことと他の事柄のために世に対して死ぬこととの間には天地の開きがある。かくて他の世俗のことに対して人が死ぬこととなるその目的、大義というものが究極的価値のあるものであることが第一であることが分かる。人が何かのために世に対して死んでも、そういうことは本当にはできない。世にあることに死んでも別の世のことに生きているのであるから、本当に心が死んでいても、そのことはさほど意味のあることではない。むしろ大切なのは何に対してというより、何のために死んでいるかである。人として人が自己の存在へ関わること自体を廃してしまうことはできない。人にとって自己反省は不可欠のことであるから。そうである限り、自己が死ぬとかということを感じたり、予見したりすることを避け得ない。その限りそういうことをした際に人は自己の空しさを感じることを避け得まい。もはやこのように自己に関わる自己というあり方自体を廃しえぬ以上、究極的な大義のために人が死ぬことにおいて死というものを克服するしかない。

　（六）こういう観点から見て、実践することが使命の場合、どういう観点から行うかであるが、それは一つしかあるまい。神への信仰という人生の礎を見いだすことにより、一人でも多くの人が救われるためにである。他にあろうはずはない。救われるとは人間の側からの表現だが、神の側からは義とされるためとなろう。地方の町でこういう地味なことを行っていても何ら社会の表面に出ることはないであろう。だがこういう地味な仕事こそ足が地に着いた仕事といえるのではないのか。現代ではどうもこういう地についた仕事をする人が少なくなっているのではないのか。組織化されているので、そういう傾向が出てくるのか。それも一因であろう。

　次に対機説法についてだが、自分が単純に信じていると、そういう傾向を持つ人には対応できても、深く考える人には対応できない。そのためそういう人々からは何だキリスト教とはそんなものかと見られ、福音を結果的には侮辱させることとなってしまう。深く考えていると、単純に信じる人にも深く考える傾向の人

にも対応できよう。すべての人に対応できよう。かくて誰からも福音がそんなものかと侮辱されるようなことは生じまい。かくて福音を宣べ伝える人はぜひとも深く考えて信仰に達した人であらねばならない。ところが実際にはそうなっていないことが問題である。つまり自己が深く考えて信じるのでない限り、対機説法はできないこととなる。だが実際には実践はゼロから考えてそこまで達した人がしなくてもよい。そうでなくても来る人は満足であろう。そこまで考え抜いていないと、対応できぬごとき人はめったに来るものではないからである。一方、ゼロから考えてそこまで達した人でないと、そういう信仰がどういうものか多方面にわたって敷衍的に考えておくことはできない。敷衍しておかないと他の人がそれを読んでみても、そこにどういう信仰があるのかは分からないままであろう。結局、何もないこととなってしまう。かくて確かに実践も大切であるが、ここのところはどうなっているのかという疑問が自分の心の中にある限り、その点を考え抜いておくことこそ信仰のためということとなる。こういう仕事は実践するのに比して周りに人も集まらぬし、より孤独な仕事かもしれない。

このように考えると、人の心は落ち着いてこよう。これがこういう類の問いについての最終的答えとなろう。何度かこういうことを考えたが、ある一定のところへ考えが到達しても後でゆり戻しが来たりして、なかなか収斂しない。一般的にいえることだが、誰にでもできるようなことより、自分にしかできない仕事こそ自分の使命と心得ねばならない。自分がなぜいわゆる実践をしようという気にならぬかは、自分が一般の人々にアッピールしうるごときキリスト信仰を見いだしえていないことの現れであろう。だから実践しようという気になれない。かくて自分の達したところを基礎にしてそこから一般の人々への道を見いださなくてはならないのではあるまいか。現代のごとき世俗中心主義の社会の中においてキリスト信仰をアッピールしていく方法がはたしてあるのか。多くの宗教が幅を利かしている時代ならともかくであるが。世俗中心の時代にはたとえキリスト信仰でさえもそういう尺度に合うものへと自己変容をしない限り、通じないのではあるまいか。

このように考えてくると、何度か実践へアタックしようとして種々考えてはみてもキリスト信仰に関する限りは、仏教とか一般の現世利益的宗教なら話は別だが、今のこの世俗主義の社会へはアッピールの方法がないとしか思われない。キ

リスト信仰自体自己を世俗中心主義へと変容しない限りは。しかるにキリスト信仰は元来人間の救いを目的にした宗教ではないので、世俗中心主義への変容は極めて困難である。純粋にキリスト信仰的であろうとすればするほどそうなるであろう。人間による宗教がすべて終わったところでしかキリスト信仰は人の関心の対象にはならないのではないのか。近世以降哲学はすべての学問を統括する地位を失い、個別科学が各々独立していった。それに伴い情報処理のようなものがすべてを統括することが始まった。こういう社会全般の状況と先の宗教のことについてのこととは呼応していると思う。

　決定的に疎外されつつ、しかも自分を疎外したその世界へあえて出て行くことによってしか預言者としての自覚は生まれては来ない。しかし同時に疎外された世界へ今更心理的に舞い戻っては何をしていることか分からない。このように考えると、全き状況が用意されている。秘儀を語る全き者としての信仰とはこういう預言者的な信仰以外にはない。ここ理大へ替わったのは偶然といえば偶然だが、本当に神が備えた道ともいえる。自分が疎外された世界へ再び出て行くには自分が預言者であるともいうべき自覚が不可欠となる。預言者であればそこから自分が疎外された場へ出て行って仕事をするのは普通のことである。しかもそうして自分が神と一体であることを益々深く自覚していく。かくて自分の今後の人生の展開にはこういうハードルを越えていくしか道はない。疎外感の薄くなるようなところへは替わらぬがよい。今まで疎外された世界へ精神的、心理的に半分舞い戻ることとなろう。今まで13年間疎外されてきたことはいったい何のためだったのか分からなくなる。かくて自分で探したことは大いに結構だった。ぜひそうでなくてはならなかった。神のインストルメントたるには既成の体制からの疎外は不可欠である。このことは人並みの条件の中では自分の仕事をなしえぬことを意味する。もしそういうことができればそれはインストルメントになっていないことである。だから是非とも人並み以下の状況の中で仕事をするほかない。そういう状況下では、ある者は益々与えられ、ない者はあるものまで取られてしまう事態が成就する。大概意欲を失い止めてしまう。信仰ある者の場合、それと反対に益々信仰は強化され、預言者風になっていく。

　一生世に出ることはなく、またそういうことは考えまいと腹に決めえた。だから来し方を考え、行く方向を見定めることができた。世に出ようという意図は

最初からなかった。ただ信仰がある一定のところへ達した後はそれまでと同じやり方でよいのかとの反省から信仰を世へアッピールすべきではないかという点から世へと思っただけである。結果、ここ何年か聖俗の境をさ迷ってしまった。原点、自分の人生のスタート点へ戻ったのである。このように孤高へ徹底していくことこそ自分が多くの人から自己の思想を問われるという成果を招く道でもある。しかしそれは死後かもしれない。生きている間にそれを求めぬことこそ死後にそういう成果を招くことかもしれない。孤高の道を行くのなら内行きも外行きも反古になってもどうということはない。世の理解を得ようと思ったこと自体が自分の間違いであると分かった。それが当然なのである。もし仮にそういう道を行ければそれはまったくの神よりの賜物である。本来なら得られるはずのないものが神の特別の賜物として与えられたことを意味するのだから。

　話は急に変わるが、大原美術館には名画「受胎告知」がある。エル・グレコとは"あのギリシャ人"という意味であり、スペインでは孤独だったそうである。変人扱いである。自分も彼の心境でやることである。どれだけ孤独に耐えられるかで決まる。どれだけ救済史のインストルメントになれるかは。だから無限の孤独が待っているのであろう。神の救済史に生きようとすればするほど。孤独をどこまでも愛せねばならぬ宿命にある。孤独とはある一つの世界から排除されていくにもかかわらず、そういう世界から離れえぬところにあろう。離れてしまって別の世界に入っていくのならそこには孤独はない。別の種類の集団の中に入っていくこととなるのだから。自分として納得いかぬ扱いを受けつつもあくまでそこに留まらざるを得ない。

　一人荒野を行くという点について何か不十分ではないかと思うのは自分自身のいく道について真にそれが唯一の道だという確信がないからであろう。特殊なことをどこまでも考えようとすれば仲間外れになるためこの学校に長期間置き去りである。つまりそういう方針は周囲との間に種々の軋轢が生じる。悪口もいわれよう。しかしそんなことはお構いなしでよい。考え抜くのが自分の天命だからそのための悪名は着ればよい。そのことは広義の意味では大層にいえば迫害にも当たろう。特殊な思索追求への欲求さえなければ悪名を着ずに済む。仏教では随順ということで、こういう悪名を受けることもないが反対に何か積極的に問うこともあるまい。問題はそういう積極性の中に人の自我にのみ属す要素が混入して

いないかである。基本的にはそこへ至るまでにすべてを犠牲にしており、そういうことはありえない。またその積極性さえ捨てればたとえどんな状況へも随順していけるという心象が自己の心の中にあるから。

以上の2つのことによって周囲から悪名を着せられても特殊なことを考え抜いていくことを仕事としてやっていかねばならない。周りに人がいないと集会はできぬが、自分のように考えつつ信じるのではそういうことを解する人々が自分の周りにはいない。大学のようなところでは周りに人が集まる可能性はできよう。もっとも単純に信じる人も集まりに加われればよいが、そういう人々ばかりでは最初の集まりができない。紀要へも種々書いたし、本の出版もした。これらを理解する人がここにいれば自然に集まりができよう。関大へ非常勤で出講していたときにも何人かの学生が質問に来たりしていた。かくて自分が集会をしようと思えば、人が集まる状況になるまで待つほかない。自分の心がそうなると同時に状況がそうなるのを待つ。二重に待たねばならない。

ここ一、二年待っても転職先なしならここにいつまでもいても仕方ない。外国へでも出て行ってみるしかないのか。新たな信じ方でいけたのに今更ここへしがみ付いていてもどうしようもない。決断以外にない。今日初めてこういう考えがはっきり心に浮かんできた。これと平行して自分の使命は仏教でもなく、欧米直輸入のキリスト教でもない。キリスト信仰を学問的意味でも確立することである。こういう大きい目標のためにはこの学校というような小さいことは捨てるしかない。学問的にも独自のキリスト信仰を確立することと、ここを捨て外国へ行くこととは今の状況では避けられそうにない。この場合には伝道活動はしない。この点でのはっきりした認識は今日初めて心に浮かんできた。もはやこれ以外にはない。自分の場合仏教的要素を入れつつも結論的には是非ともキリスト信仰でなくてはならない。その分余計に学問的にも裏付けていくことにも意味があろう。もし久松真一のように結局禅ということなら日本人としてごく一般的なので、その分学問的裏づけも意義を失っていこう。ここを辞めてでもこの点の追求をという一種の使命感にも似た心情は今まではなかった。確かに伝道をやってみても人が来るとは思えないし、それよりも自分独自のキリスト信仰を学問的に根拠付けることを目指したほうがはるかにキリストを信じる道であろう。やはり使命感という如きはそれを貫くために自分の置かれた現状を捨ててでも、というと

きに初めてそれが本当にそういうものとして現れてくるのであろう。また使命が
ある場合にはそれがぜひともそういう現状に固執することを許さない。こういう
使命が芽生えたことは武田薬品工業株式会社を辞めたことや一年半ほど前にそこ
までいけたことなどに匹敵する重要事である。自分の信じ方が独自なので、今こ
こよりまったく新しいものが生まれることとなる。だからそれを文字に表す努力
をすることはきわめて重要である。もし文字になっていなければ、何もなかった
こととなろう。自分の信じ方が伝統的なキリスト教であればあとはもう実践すれ
ばよい。またそうするほかはない。だが信じ方がまったく独創的な場合はそれの
根拠付けをすることをまずせねばならない。実践までは手が回らぬこととなる。
他の人が後でやってくれることはあるかもしれない。禅の立場へいっている人も
そこまでいけたら後はもう実践以外することはない。それの学問的根拠付けは既
になされているのだから何もあえて自分がすることはない。全然新しい信仰の場
合は事情が一変してくる。

独創性とは

　（一）一般的にいって学者は自己自身のこととして考え抜いていないので、独
創的なものを評価する力量を欠く。肯定も否定もなしえない。どう評価してよい
のか自分では分からないのである。かくて自分の書いたものもいわゆる専門家の
間では結果的に無視されることとなろう。根本的にこういう状況にあることは永
久に変わるまい。教会牧師の職はやはり教団からの締め付けが種々あろう。かく
て自分には無理であろう。大学以上に窮屈であろう。米国でも教会牧師を辞める
人がいるぐらいだから。教会のために働いているという理由で。福音のためにで
はなくて。結果、教会へも大学へも自分にはいるところなしだ。かといって大学
社会の中の最底辺をなすここの学校にいるぐらいなら何か別のことをしたほうが
ましだ。つまりそういう状況にある自分をそのままにしていては自分の求道者と
しての誇りが保てない。かくてその場合には是非とも京大とは絶交せねばならな
い。しかしそうすると自分の仕事を如何にして続けていくのか根本から考えてお
かねばならない。種々考えた末今自分が最もしたくて、また是非そうせずにはお
れぬことをするにはどうするのが一番よいかで考えるほかない。すると深く考え
ることしかできない。自分には転職ということで考えるしかない。外国へ行った

り学位を取ったりである。転職がなければ52歳になれば恩給がつくのでそこを限りに辞めることである。いずれにしろ他の仕事をしようというのではなく、粘り強く今までの仕事を続けることを考えるしかない。今更この年になって他の事はできない。20年経てば恩給もつくし、奨学金も返還不要になる。また学位を取ってから数年待つ意味もある。52歳ぐらいまで待つのは良い考えであろう。それ以上ここにいても無駄なことである。

（二）人が自分の良心の安らぎのために悪をしないのでは不十分だ。神のため、神の名誉のためにということでなくてはならないとバイゲルはいう。こうして神のためにキリストと共に生きる者が永遠の生命に生きるとされている。これは十分理解できる。神の栄光のために殉じることができるかという問題である。だが考えてみると、そうなるまでの人の道は神、キリストを求めてきたことは確かである。だがそれまでは自分の心の不安のために求めてきたといえる。安らぎに至りたいということがモティーフであった。だが今後はそうではなく、つまり自己中心的モティーフからではなく、神の栄光というモティーフのために神、キリストを求めていくことができると感じられる。自分のために神をではなく、神のために神をということである。こういう心境になって初めて自分の欲求を捨てることができる可能性が芽生える。何かやはり神の栄光のためということであれば、自分としてはこういうことをしてみたいと思っていることでも一つ、二つ犠牲にせねばならぬことがあって当然といえよう。そういうものが一つもないのでは神の栄光のためということも空念仏となってしまいはせぬか。イエスもいう、「わたしのため、また福音のために、家、兄弟……を捨てた者はだれでも……永遠の命を受ける」（マルコ10, 29 以下）、と。「神の栄光のため」ということがそれ以後の本人にとっての旗印となることであろう。

もっともそれまでの過程でも種々のものを犠牲にしてきたが、それはしかし自分の心の安らぎのためなので、真に犠牲にはなってはいないともいえる。今初めて神の栄光のために自己を犠牲にすることのできるスタートラインについたのである。ただ願わくば今後は犠牲という表現はしなくて済むようになりたいものである。自分の良心と一致した方向へ進むのであれば、そういうモティーフは存在しないであろうから。では神の栄光のために積極的に何をするのか。ここでは人各々役目は異なってこよう。信じることはこういうことであると著していくのを

務めとする人もいよう。今までそういう心境になれなかったのは心がいまだ地につなぎとめられていて離陸していなかったからであろう。逆にいえばこういう心境になったのは心の離陸の証といえる。

　ところで、それまでの犠牲も人がこういう場に至ったところから振り返れば神の栄光のためという性格をも持ちうるといってよい。そこまでに至らねばそうはいえまいが。自我が粉砕されたことを示唆する。神の栄光のために生きようとする自己が力を増すと、自分のため生きようとする自己（力は乏しくなっているがまだ残っている）を飲み込む。そしてあたかもそういうものがないかのごとくにしてしまう。力関係の逆転がここに成就する。

第 2 章

世に属さぬ者とは

　（一）申命記 24, 14-22 には、雇い人、寄留者、孤児、寡婦などへの保護規定ともいうべきものが出ている。また人は各々自分の罪ゆえに死に定められるという。少数民族に対して抑圧的政策を実施する近代以降の状況を考えてみると、旧約当時の規定以下ともいいうる事態の展開といえよう。また人は自己の罪の故にのみ死に定められるという点も現代の民主主義国家においてはおおむねそうなっているといえようが、それ以外の社会体制の国では、例えば社会主義、共産主義の国々でもそのことが決して実行されてはいないのではあるまいか。これまた旧約以下であると判断されよう。このように考えてくると、時代とは無関係ともいえる。真正の神との距離がどれほどあるかがその決め手となっている。この距離が開けば開くほど、人は神から離れるので恣意的行為へ走る結果になる。しかもここで自分らがエジプトで奴隷であったと告白していることも注意に値する。自分らのそういう素性を明かすことは通常ならしたくないところである。それをあえてそうしている。神の前での誠実さをうかがい知ることができる。このことと寄留者などへの思いやりの規定とは元より無関係ではない。偏り見ることをしないことの現れの一端といえる。同胞であろうとそうでなかろうと、神の前にある存在としてすべての人を理解していることの現われといえる。各人が自己の罪で死に定められることもそれと一連である。

　神の前にあっては人の罪は基本的にいって赦されない。他人の罪のために人が死ぬことはない。だからこそキリストの死は他の人々のための死であればこそ特筆に値するといえる。本来ならあってはならぬことである。にもかかわらずそういうことが生じたことは神自身による採決なしにはありえぬことである。またそれなしに十字架のような事態が仮に生じたにしても、その出来事には罪の贖いと

いう意味あいはないとせざるを得ない。すべては神の意思にかかっているからである。ここでは人の判断は所詮無意味である。キリストの場合、罪の赦しの認定のしるしとしてキリストを復活させたという事実が存している。するとやはり復活ということがあってこそキリストの十字架は意味を持つ。イザヤ15, 5には、わが心モアブのために叫ぶとある。4節までにモアブの破滅を予告しつつ、ここではそのモアブのために叫ぶという。"ため"というのだから惨状を哀れんでのことであろう。それにしても滅ぼしつつある者のために叫ぶというのである。自己矛盾ともいえる。だからこそこういう叫びがキリストの十字架へと通じていく。自分が造ったものをその罪のゆえに自分で滅ぼさざるを得ないという矛盾の中に投げ込まれて久しい。キリストにおいてついにくるべきところへ至るほかなかった。世の外見的、現実的、宇宙的あり方などはどうでもよい。二次的、副次的、従属的次元のことにしか過ぎない。人格―罪という次元がすべてである。他のことはすべてついででしかない。宇宙が現状のようであろうと、三角であろうと、四角であろうと有意差はない。唯一つの有意差を意味する次元は人格の有無、そしてそれに呼応した罪の有無のみである。神としては堕罪したモアブでも助けたいのである。どれほど罪に堕しても捨てない。そうあってこそ人格最優先の世界といえる。人格的観点からは可視的世界は二次的なことである。人間のような人格的存在なしでも物的世界は存しうる。だが神は物的存在ではない点を考えても、人のような人格抜きのそういう存在は無意味であろう。丸でも球でも三角でも四角でも有意差はない。エレミヤ18, 7-10には、災い、幸いを与えることを思い直すとある。神と人との間を義が支配していることが分かる。

　神はいつも義である。そこで人の側での義に関する状態が神と人とをよきにつけ悪しきにつけ結びつける。8, 10節においては神は以前考えていたことを変えることを示唆している。神の自由がいわれている。人の態度変更に対して神も対応してきている。人の立場に立って考えると、まさに自業自得という言葉がぴったりという状況である。だが異なる面もある。なぜなら人が受けるものはすべて神、主起因のものであるから。他者なる主、神の存在の欠けている世界とはおよそ世界が異質だといわざるを得ない。自業とはいえないこととなろう。神という他者が人の行いに対してその報いを与えているのであるから。自―他―業ということにでもなるであろうか。いずれにしろどこかに他者という契機の入ること

が不可避である。またそうあって初めて人は人格的存在として自他共に認識することが可能となる。さもないと人は人格的存在であることができない。人格は人格に対応して初めて人格となりうる。

　将来転職があるかもしれぬが、その時は既にそのことについて何らかの感激もない心境になった後であろう。ちょうど今回家を建て和歌山へ転居するが、特に感激はないように。特別の感激のないことについては神は自分に許したまうのかもしれない。そうあってこそ神のインストルメントになれようから。これこそ神の深い配慮なのか。神の与え給うた日々の仕事が老僧住持事繁の対象となる。この点についてはそれがキリスト教内のことであろうと、世俗のことであろうと、何ら差異はない。泥仏が海に溶けるのにキリスト教の内外などもはや問題にはならない。その泥仏としての自己を反省しつつ、自己のキリスト教学が確立されていく。泥仏海に溶けるという信仰の基盤なしには如何なる学問も所詮戯れであろう。日々の仕事はまさに天の恵みである。こうして初めて天へ迎えられる。以前にもこれと似たことを考えたことはあったが、今日はそれがよりリアルに迫ってくる。随所作主とはこういうことであろう。こうして重き十字架ではなくて軽き十字架となる。イエス自身「わたしの荷は軽い」（マタイ11, 30）という如く。「明日のことは明日自らが思い悩む。」（マタイ6, 34）ともいう。これらの文言はその禅的発想との共通性を現している。十字架をもはや十字架ではないものとして負っている。それもそのはず。十字架がどこまでも重いままでは負えるものではあるまい。十字架所作主ということ。至る所天国である。既に天国は来ている。しかも十字架があってそれが軽い十字架となっている状況は何も十字架がないのとは異なる。そういうあり方は軽いのではない。たとえどんなに小さいことでも軽くはならず重いままである。質の違いがある。十字架があってこその軽さなのである。十字架なしの軽さではない。十字架がなければないところの軽さである。十字架によって現在的にも将来的にも天国へ上っていく。甘き十字架なのである。こういう十字架は取り上げられてはならぬものである。岸沢老師などは禅の世界では誰か自分の師と仰ぐ人があったので出家したわけである。だからその世界では自分が疎外されるという事態ではない。その中の一員として存在している。だが、自分などはキリスト教の中で師と仰ぐ人はいない。疎外されている。そういう点が異なる。だから師の場合はその中にいて立派な仕事ができたであろ

う。自分はそうはいかぬのではないか。師の場合は人との出会いに恵まれていたのである。

　孤独に耐えてできるだけの活動をしておく ── これがやはり自分の道だ。学者相手の活動では自分が惨めと思うかも知れぬが、ネームバリューのない自分が実践をやっても誰も来まい。これも惨めだ。いずれにしろ惨めな道しかもはや残ってはいない。5月10日以来随分考えあぐねてきたが、ごく平凡なところへ落ち着いた。6月2日には実践へ向けて心の準備をする方向が出ていたが、それも方向が違うようだ。自分が最も力を注いでいる学術的分野においてすら独自性をいまだ認められるところまでいけていないのに実践にまでというのは不遜でもある。それに独自性を認められれば今後さらにそういう分野でやっていけば福音伝達に大いに役立つこととなる。今はまったく無視されているが、学会でどこまで波紋を広げられるかという楽しみがあると思えばよい。今無視されているのを嘆くのでなく今後の楽しみがある、それだけ大きいと思えばよい。ただし今後はこういう仕事に全力を挙げねばならない。今までそこまで行くのにそうだったように。全力でのアピールこそ神の召命なのである。一人の人間にそれほど多くの事はできない。特に現代においては。深く考える分野だけ見ても自分が今までやってきたが、どれだけのことができたのか。今までの問い方でそこまで来たのだし、今後ともその分野で活動すればよい。考える分野に限定すべきである。その代わりそこでは徹底してやるべきだ。こういう召命さえ明確ならどこにいてももはや問題外である。

　結局、平凡なところへ帰ってきた。だが書き残すことへ限定するのではなく、発表も含めて全人間的に出て行って活動するという結論である。発表は書き残すための手段なのではない。それ自体も目的の一つである。種々考えてきたが、落ち着くべきところへ落ち着いた。今日このように考えるまでは自分がそこから疎外されているという気持ちがあり、その世界に自分の活動を限定して福音をアピールすることを仕事にするという結論に達し得なかった。つまり自分の心の汚れのためにこういう結論に至り得なかった。心の汚れの一つを洗い流しえたことを意味する。随分考えあぐねたが。自分を放逐した世界を自分の唯一の活動界として再びそこへ自分のほうから入っていくことは至難のことである。今ようやくそういう決断ができた。5月10日以来ありとあらゆることを考えてそこを巡っ

てやっとここへ至りえた。学校へ赴任後直後の3年間ぐらいは学会発表もしたものだった。当時の闘志が再び自分の全身にこみ上げてきた。今までこんな感じになったことはなかった。昨年の学会発表もここまでの決意に基づいたものではなかった。深く考えつつ信仰を問う、そういう世界の中に降り立つところのいわば預言者という自覚を持って今後はやればよい。だからそういう世界（これは世俗界の一部だが）の中で踏んだりけったりの扱いは避けがたい。こういう召命さえはっきりした以上、もはや今後は何が起こっても大丈夫。こういう決意に至ったのは実にそこまでいけた37歳から数えても11年ぶりだ。

　世に属さぬ者は世にあって仕事をするには、世に元来属さぬ者以上に重い税金をかけられても仕方ない。当たり前のことだから。重税をまず払ってから自分の霊に属す仕事を行うこととなる。霊に属すことは肉の仕事に貢献することにはならぬから。そのことは自分が無用の長物扱いされていることで分かる。そこでしかもその重税を払うことで霊は益々輝きを増す。自分が誤解されているらしくてもそのままにしておき、むしろ自分が積極的にこういう方向を選んだとしておくのがよいかもしれない。学位の件など無視してさらに深く進むことを選ぶことこそ求道者にふさわしいのだから。自分の今までの生き方からしても。このことは大学としても分かっていよう。ただ学位却下だったので宣伝材料にはならずじまいだった。いささか不愉快ではあろう。本質的にはそういう道が王道だと分かっていると思う。ただ管理者の立場からは世俗的に利用度の低い人間に対しては冷遇するのは避けられまい。しかし個人的な気持ちはそれとは逆であることもありえよう。本当はそういう道を行くべきだと内心感じていることは大いにありえよう。当人が真摯な心の持ち主ならば。こういう事情があるので多くの人は世俗的に評価があって厚遇される、広い道を行く。滅びに至る門は広い（マタイ7, 13）とあっても。生命に至る道は狭く辛い。多くの人はそれを避ける。同時に真理から遠ざかる。こう考えると、今の自分の状況は現状でよいこととなる。今更一度反故にされた学位を考え横道へそれてしまうより、最後まで正道を行くべきだから。こういう他人の行かぬ、辛いが本当の道をいったことは必ずいつか評価されるときが来よう。こういう霊の道の先に爆発的なエネルギーがほとばしる世界がすぐそこに見えているように感じている。

　無人の荒野を一人行くという心境だ。遮るものはもはや一つもない。まっすぐ

28　第1部　世にありて

な一本道だ。今後は自分に託された使命の遂行（具体的には研究と出版）にとって何が、どうするのがより有益かが唯一の判断基準となる。他のすべてはそれに従う。他はすべて捨てて神より託された使命遂行がただ一つ意味ある事柄とせねばならない。このことは信仰において主を信じることのみが生活の全営みの中で唯一意味ある行いであることと呼応する。今日岡大へも『内実的同異』を献本した。本を借りにいったので持参した。

　著書『西洋キリスト教とパウロ的信仰』を送った人からの感想をみて思うが、本人がどれだけのものを捨ててそこへ達したかは他者には分からぬことである。人を外から見てはそうなってしまう。内に立ち入ってみるとまた状況は異なってこよう。外から見ては分からぬのは世にあって世にあわせて生きるのではなくて、「あなたには、わたしをおいてほかに神があってはならない」（出エジプト20,3）という聖句に固執して生きようとするので、世俗生活自体が修行の場になってしまう。そこで寺に入って修業の必要がなくなることとも、またそのことに応じて行き着く先も異なる。つまり無と同時にキリストへ行き着く。方法（道）も違えば、到達地も異なる。

　今の自分に欠けるのは召命感である。これさえあればどこの大学にいようが、そういうことは問題外である。だがそれには自分が大学社会から一度は捨てられた人間なのだという点に立たねばならない。さもないと他人と自分とを比較して何で今更自分がここにという気になったりしよう。一度捨てられたのは事実だから。福音前進のための捨石だという自覚に立たねばならない。さもないと何もできない。あの件があって関大も棒に振った。挙句の果てに十三年間雨ざらし、日ざらしにされてきた。一度は捨てられたという場に立てばもはや何も気にかけることはなくなる。何があっても捨てられた人間には当たり前のことだから。

　荒野で呼ばわる者の声として自分を聖書の中に位置づけうる。ヨハネは野イチゴと野蜜とを食べていた（マルコ1,6）。決してよい条件とはいえぬところで真理を叫び続けていた。大切なことは社会的に出て行くこと。イエスのように唾されたり、パウロのように鞭打たれたりされて福音は前進する。そういうことなしに前進はない。自己自身に留まっていては何ら真理の前進はない。何で今更こんなところ（例えば学会）へと思ったり、何で全員の前で笑いものにされねばいかんのかなどの羽目に合わされるたびに福音は前進する。要は福音の当体である自

己が傷つくほど福音は前進する。自己をさらし者にしていかねば前進はない。

（二）異教世界に身をさらけ出すことが伝道には不可避である。伝道に際し場所を選ぶようではいけない。駅前であろうと商店街であろうと城の上の入り口の休憩所であろうとである。また時を選ぶのでもいけない。いつでも随時にでなくてはならぬ。苦しむほどこれ以外当人の行く道はないことが顕になる。苦しみがないと伝道にとっての非本質的なことが付着したままでそれが除かれない。苦しみによって除かれる。キリスト信仰が巷へ出て行かぬ建物内で待つ伝道に終始してはそういうキリスト教はいわば去勢された信仰であろう。苦しむほど当人がインストルメントになっていくのを感じざるを得まい。ただ、内村鑑三も街頭説教をやったという話は聞かぬ。やはり単純に信じているとどこかに不徹底なところがあるのか。もっともこれは当人の知る限りでのことであり、実際にはやっているのかも。現代において必要なのは真の意味での宗教的権威である。現世利益なことをいったり、単純に信じて動きまわるようなことでは現代の混乱した状況を抜け出られまい。また過去のこと、他人のことを興味本位で研究することも同様である。当人自身が権威であることを要す。単純に信じて動く場合は自己反省的でないので自己の信仰のどこが不十分かを反省しないのでどうしても不徹底な面が残らざるを得まい。日本のキリスト教はあまりにも囲いの中のキリスト教、密室の中でのキリスト教でありすぎる。もっと青天井の下でのキリスト信仰へと衣替えせねばなるまい。日曜礼拝にしてもいつも教会の建物の中でせねばならぬことはない。例えば公園の中で何十人か集まっても迷惑ではなかろう。そうすればたまたまそこにいる人々も集まってきて聞くかもしれない。そういうところへ来合わせていたことから信仰へ導かれることもあろう。囲いの中でこそこそやっていては訴える効果はまったくない。信者が増えぬと嘆くがそれは自らに責任がある。自らを自らで囲い区別しているので他の人々が近づき難い。もっと自分のほうから出て行かねばならぬ。

（三）キリスト教対諸宗教という具合に最初から前者を特別視する発想はいかにも欧米人の発想である。他宗教を諸宗教として一括はできぬ。キリスト教と仏教、キリスト教と天理教という具合に個々の宗教とキリスト教という仕方で考えるを要す。個々の宗教には各々その真理が入っているから。諸宗教という発想は他宗教排撃を暗に含んだ発想である。バルト神学的発想である。欧米人である限

り、たとえバルト神学でなくてもこういう傾向を持っている。我々日本人キリスト者は他宗教排撃の論理ではなく他宗教包摂の論理を要す。例えば天理教の神もいわばキリスト教の神の下で働いている神とも考えうる。そういう神々、八百万の神を統括しているのが聖書で啓示の神だと考えねばならぬ。旧約の天地創造での天上会議の際は神は複数で語られている。神にはその下に種々の神がいたと書かれている。その神々が実は天理教の神などであるともいえる。そのことが肯定されるには相互の教義を比較検討して天理教にはない内容が聖書に書かれていることを示せばよいのではないか。カトリックは日本で台所に神棚を祀ることを認めたが、これとても本来はそうあるべきではないが止むを得ず認めるに過ぎまい。他宗教排撃の論理は少しも変わってはいまい。もっと積極的に認める立場へ転換せねばなるまい。キリスト教が一神教で本来的に他宗教排撃的性格を持っているので日本では特に包摂の神学が必要であろう。仏教のように元来排劇的でない宗教ではあえて包摂の神学は要すまい。天理教の神も結局それは聖書で啓示の神を礼拝していることであったというところまで包摂的態度を拡大していかねばならぬ。諸宗教によって各々名前が異なっていただけである。かくて天理教はキリスト教天理教支部でもあろう。ただ完全な形で啓示が行われていないだけである。排撃することはない。神が本当に日本で他宗教を排撃するのならもはや天理教などが既に存在していないであろう。その存在はそういうものとしての許容を示す。神が許容しているものを人が勝手に邪魔だといって排撃すべきではない。相互に平和共存しうるし、ダブっていてもよくはないか。お地蔵さんもキリスト教の神の摂理下で各々相対的権能を付与された神としてみればよい。事実そういう神を信じる人もそういう神を絶対として信じてはいまい。天理教の人も多くは死ねばお寺に入るのではないか。もし絶対として信じていればそういうことはできまい。日本人としては一般に種々の神に礼拝しているといえよう。

　かくて実はどこの神をも信じてはいないといってよい。ある新興の宗派にしても排撃的な面はあるが、果たしてどこまで真にそうなのか問題であろう。唯一神を信じるのとは異なるから。本来的に排撃的というのとは異なりはせぬか。当人自身のこととして考えてもキリストを信じてはいるが、祖先が仏教であったしお寺へも行くし、お墓参りもする。それでいて何ら良心的に引っかかりはない。欧米人はそうなのであろうか。台所に神棚があっても別に構わぬ。これまた何ら良

心的に引っかかりはない。そうであればこそそういう信仰を神学的にも確立せねばならない。当人自身の信仰を確立した後は今度はこういう側面に関しての信仰を確立するのが仕事となる。日本の神学は欧米直輸入だから日本人の心情と神学との間にギャップがある。これは日本人が自身に神学を確立する以外の方法では埋められない。現在の神学は欧米直輸入なので排撃的なのである。

現在の神学

　キリスト教のモラルは劣性の種を大切にするというが、そうではない。現世において栄えているのはサタンに魂を売った劣性の種である。優性の種は劣性の種の栄えている世界では抑圧されている。だから抑圧されている人々を助けることは劣性を大切にすることではなく、優性を大切にすること以外の何物でもない。あるいは百歩譲っても劣性ゆえ栄えている場合が全体の栄えのうち 50％を占めてはいないか。本当に優れた資質は栄えぬよう世はできているのではないか。真、善、美、愛などを愛し求めようとする人間は栄えぬのではないか。人格的に有価値的なものは世では栄えぬ宿命にあるのではないか。決して弱い者を助けさえすればよいのではない。また単にそういうことを主張するのでもない。真、義、愛などの人格的なものを求めることの一環としてそういうことも入ってきているに過ぎぬ。そのことが人の良心的判断と一致すからである。こういう点から考えると、ニーチェの思想の根底にも自我が伏在している。

　（一）伝道しても人々が聞かねばその町を去るとき足の塵を払っている（使徒言行録 13, 51）。このようにキリスト信仰は人々が救われるためとはいえ、その福音を聞かねばきっぱりと切って捨てるところがある。仏教のようにすべての人が救われるまでは自分は渡らないというのとは趣が異なる。ただ単に人の救いが目的ではない。その上、当人の達した信じ方を伝えても他の人々がそのように信じるとは思われぬ。現代の状況を見るに若い層の精神的荒廃が見られる。喫煙、酒、シンナー、暴力そして堕胎とある。水子地蔵もはやる。こういう状況の若い人々に精神的背骨として宗教を植えつけることはできぬのか。そこまでいけた以上、後は興味本位の研究というのでなければせめて学校内で研究会というのはどうか。人に伝えることに中心が移ることはいうまでもないから。神を信じれば神の霊が当人のうちに生きている。かくてその人は特別の人として他の人々と

特別の関係が生じる。ここに実践、伝道の根源が存している。福音を聞きもせず信じもせず、神の恵みから外れ滅び行く人のいかに多いことか。微力ながらも当人も福音宣伝の手伝いをしたい。今まで以上に神の側に立って物事を感じるようになってきた。学校にポストがあって考え人に話しというのでは単純に信じる人は来まい。そういう人を来させるには街頭説教の如きを要しよう。だがそういうことをすると、逆に考えて信じる人は来まい。だから考えて信じる当人の周りにはやはりそういう人しか集まれまい。現在の学校にいるままで考えつつ実践しようにもしにくいときが来るかもしれない。その時には神の導きで新たな考える場が与えられるであろう。これが信仰の立場であろう。どの社会階層に真に信じようとする人がいるかは一概にはいえぬ。例えば学者の世界にという具合に。かくてどの社会階層にも偏らぬ仕方が望ましい。まずは大学内での研究会あたりから始めるのがよい。知的水準からも経済的水準から考えてもそうではないか。男女による差異もなかろう。人種による差異もなかろう。ありとあらゆる観点から見て種々の階層に届く仕方での伝道が最善であろう。だから従来のように教会という形になるのであろう。単純に信じる人が多い原因の一つは単純に信じた人が伝道活動を行って多くの人々を説得しているから。そこで真に信じることの内容を訴えていかないと多くの人が誤った方向へ勧誘されていく。結論的には当人自身が宣べ伝えの活動を何らかの形で行い多くの人の魂が間違い導かれぬようせねばならぬ。だから誰にも気安い場所で、仕方で行うのがよい。大学内では学生だけとなるが最初は仕方あるまい。当人が牧会をすればそこで出される問題が自身の今後を考える題材になるだけでなく、今後の自身の存在自体が信仰を求める人にとって意義を持つ点で自身の存在の意義が新たに生まれる。そういう仕方でしか自身の存在意義はなかろう。自身がただ一人として存しているのみならその存在意義はもはやないであろう。だからたとえ自分が牧会へ来る人からの問題以外を考え研究していても、それがそこへ来る人々によって支えられていることは変わらないこととなる。仮に看板を出して行う場合周辺に教会のないところがよいとばかりいえぬ。当人の信じ方が個性的で必ずしも一般向きではないから。むしろ教会のある近くがよいかもしれない。すると既成の教会へ不満のある人が来るともいえるから。つまりキリスト教へある程度の認識を持っている人相手のほうが向いているかもしれない。伝道では迫害か恥じらいかに出会うのではないか。前

者がくるような社会では多くの人が宗教に関心を持ちどれかの宗教を信じていよう。だからそこへキリスト教を出すと別の宗教ということで迫害も生じる。そういう社会では宗教を持つのは普通のことであり、信仰告白もそうなので街頭説教をしても特段恥ずかしいとは感じないであろう。しかるにそう感じるような社会では多くが宗教に無関心であるのでそう感じる。信じていないので迫害はない。だが他から無視され自分だけ変わったことをしていると思わされるため恥ずかしいと感じる。かくて迫害と恥じらいとは二者択一である。迫害されるかもと感じていれば恥ずかしいと感じる余裕はない。この恥ずかしいとの気持ちは日本人が一般に民主主義的意識が未発達であることとも関連する。発達していればたとえ非宗教的社会の中で伝道する場合でも恥ずかしいという感じはその分少ないであろう。自己の思うことをあえて発表しない謙譲の美徳がどことなく存しており余計に恥ずかしいと感じよう。日本文化は恥の文化といわれるぐらいなので恥ずかしいという気持ちを克服してやっていることへ人々は敬意を示すのか。辻説法とか托鉢とか、いずれにしろ自身ならできぬと思うやり方に感動するのか。かくてそこまでいければ後は福音を語ることである。孤独に耐えるでもなく、教会を作るでもなく、各地を行脚する（奉仕する）でもなく、それら三つのいずれでもない。存在が当人の思索を制約することは二重の意味でいえる。第一に当人の存在を超えたことを思い及ばない。第二に仮に心ではそうだと主張することは当人の存在変革なしには良心的にできない。自己の存在を前進させて初めて今の自身の存在を超えた思索を肯いうる。日本にキリスト教が受容されにくいのは信じようとする人に洗礼を施して信者として分け隔てしようとするからではないか。少なくともそれが一因であろう。そういう差別主義が嫌われるのではないか。そういうやり方はキリスト信仰に必然的契機なのか。伝道では人は当人が何をどう信じているかではなく、当人がどういう人間であるかという人間的側面にまず関心を持って向かってくる。

　だから人間的にどう熱意を示すかが大きな問題である。そういう熱意の背後に信仰自体は隠れている。他人は信仰内容よりもそれを覆っている熱意に着目する。中身よりまず殻である。だがキリスト信仰は神のための宗教でもある。このことは殻より中身の大切さを示す。そういう信じ方を誰が受容するのか。信仰を人が信じようと信じまいと宣言すればよい。かくて宣教などはしなければしな

くてもよい。信じる人が一人もいなくてもよい。それをそれ自体として宣べてい
けばよい。こういう意味では「神の言」の神学となる。もっともバルトのそれと
は内容が異なってきている。だから当人としては多くの人を信仰へという如きは
考えずともよい。この点が仏教や天理教など人の救いを目的とする日本固有の宗
教とは異なる。多くの人を救うことを考えることさえ信仰自体を明らめようとす
ることとは矛盾する。神の救済史の前進こそが大切である。かくて一旦そこまで
いけた後は当人が連帯的であるとはどういう仕方においてであるのかが問題であ
る。牧師になれば建物の管理とか結婚式をするとか信仰には直接関係のないこと
で忙しく考えようとする傾向の人間はかえって連帯的であれなくなりはせぬか。
牧師養成の神学部にいてキリスト教界の問題を自己到達の立場から考え抜くこと
が当人には最も連帯的ではないのか。完全に独立していかなる組織にも属さぬ
形はかえってそこでの問題が当人に伝わってこないのでそういう形は好ましくは
ない。キリスト教へ疑問、関心、反対を持つ人々と話さぬ限り考えていくテーマ
が見いだし難いのみでなく、考えていこうとするパトスも欠けてこよう。話をし
て初めてそういう問題に悩む人がいるのなら当人が代わりに考えようという気力
が湧いてくる。ある人の持つ疑問も考える人が取り上げるとそれはその人個人の
疑問という領域を離れ一般的問題となる。一方、実践して一人でも多くの人にと
いう場合その疑問はあくまでその個人の疑問のままであり一般的疑問として思想
化、普遍化されはすまい。かくて当人が納得すればそれはそれで解決している。
別の方向へ関心が移ったらもはや問題でなくなることもあろう。要は実践の場合
相手の感じる問題をそれ自体として取り上げるというより自分の権威によって相
手を感服さすやり方である。

　（二）いわゆる実践では人が集まらねばならぬ。だが一般人は例えば千日回峰
行の如きに共鳴して集まる。こういうことはどの宗教にもある。かくて人集めに
はどの宗教にも共通な聖なる行いをしなくてはならぬ。だがそれではキリスト信
仰の必然性を明らめることはできぬ。当人にしかできぬことをして信仰に役立
つにはそういうことではなく、やはり思想的仕事をする要がある。キリスト信
仰の必然性におけるロゴスの展開である。以上の２つの事柄は二律背反であろ
う。もっともこれは本来的なそれではないかも。各人の賜った異なるタラントの
観点からであるから。そこで各自のタラントからは二律背反なのである。少なく

とも現代の状況から見れば。たとえ実践してもその信仰内容に変化は起こるま
い。それもそのはず。その変わらぬ、変わりえぬ信仰的真理を伝えようとするの
だから。もっとも伝えようとする当人の心のあり方には変化は生じよう。イエス
も「いつまでわたしがあなたがたと共にいられようか。」(マタイ 17, 17 マルコ 9,
19) という如く。だが信仰の内容自体は変わらぬ。伝えようとする当人の心のあ
り方としての信仰、いわば fides qua creditur (それによって信じる信仰) は変
わるかも知れぬが、fides quae creditur (それが信じられる信仰、つまり信仰内
容) のほうは変わる由もない。

　一方、伝えられた人々の心のあり方が信仰のほうへ変わるとすれば、それは
fides qua creditur のほうが変わったといえる。それによって普遍の fides quae
creditur が受容された。今の時代ではこの意味での信仰がどういうものかが問題
である。もっともいつの時代でもこれは常に問題ではあったであろう。だが近世
までは聖書に基づいて考えればそれでよかった。だが現代ではそこに留まらずさ
らに遡って考えることを要す。聖書が生まれた根源へ立ち返ることである。ここ
には質の違いの如きものが存する。かくてパウロの頃の古代の人々はキリスト信
仰を受容のときもその内容自体 (例えば終末が近いなど) に関心を持ちそれを信
じて信者になった。現代ではむしろそうではなく、そういうものを伝えようとす
る当人の聖なる性格に共鳴し関心を持ち、いわば間接的に内容自体を受容してい
る面が少なくとも古代に比しより強いといえまいか。こういう事情も現代が脱宗
教の時代であることに対応していよう。例えば宗教的権威についても服する人が
いて初めて成立する。やはり対人関係抜きでは宗教は成立すまい。その点、禅と
キリスト教とが一体の信仰の訴えにどこまで自己を賭けうるかである。だがこう
いう信じ方の伝道には対象はある程度宗教的なことへ自覚ある人となろう。その
後そういう人を介して他の人々へとなろう。直接一般大衆相手とはなりにくかろ
う。それはそれでもよい。欧米のキリスト教とか日本での仏教のようにそういう
信じ方が既に普遍化している場合一般人へ直接訴えうるから。彼らのほうもかな
りの予備知識を持っているから。さらにはそれがどういうことか大体分かってい
るから。

　だが新しい信じ方の場合一般人はそれについて知識もなく大体どういうこと
かへの理解もなくそういうわけにはいくまい。やはりある程度の自覚を要しよ

36 第1部 世にありて

う。それは仏教が最初自覚ある人々へ広がったと同じであろう。いきなり無自覚な大衆へではあるまい。もっとも仏教を欧米へというのと当人が日本で当人流のキリスト信仰をというのとでは事情が異なろう。前者では禅は人の救い目的であり、そこが終点の如き観がある。だが逆に直接一般大衆へ訴えぬ宗教があるのか。むしろ反対に大衆へ訴ええてこそ宗教にエネルギーが生まれはしないか。この点からは実践しか道はない。これはもはや理論的に考えてこうだからこうでなくてはと考えてのごときではない。体の中から湧き出てくる実感である。理屈を超えている。もともと興味本位で始めたのでない場合こうなるほかない力が作用している。止めようにも無駄である。止めえぬ力が作用している。早く始めたいという感じが起きてきた。研究会を作るのもよい。

　求道しようとしていない要因 ── それがどんなものであれ──とはそこまで行くまでは絶対に1インチたりとも妥協してはならない。そんなことをすればそれでおしまいである。だが一旦いけたらその後はいつまでもそういう仕方で自己から非求道的要因を退けていさえすればよいのではない。むしろそういう悪意からの要因の善意による逆転を要す。そういう観点からそういう要因を自己化、求道化、信仰化していくことがキリスト者の使命であろう。右の頬を叩かれたら左の頬を向けてやれ（マタイ5, 39）とか、下着を取られたら上着までやれ（マタイ5, 40）とかの教えはこういう考え方を端的に示す。先方が誤解して悪く思っているからそれはけしからんと思い、自己からそういう要因を退けているのはそこまでいくまでは絶対必要だが、一旦いけたら逆にそれではいけない。それでは自己は救われ自己同一的世界に留まれようが、伝道とか布教とかはまったく生まれる余地はない。異質的世界、非求道的世界に積極的に入っていくことなしに世の光とはいえない。こういう状況の理解は自我崩壊後での大きな転機を意味する一大展開である。2016昨年11月自我崩壊、今年2月キリスト受容、今年10月世の光となる。

　信仰をあまりにも現実の人間関係へばかり還元してくる如き考え方はいけない。まず第一に問題にせねばならぬのは神と自己との関係であるから。イエスもマルタが忙しく働き、一方、マリアは話を聞いていたとき、マリアはよいほうを選んだのだから取り去ってはならないという（ルカ10, 42）。人間関係へ反映させることに重点をおくこと自体が間違いとなる。例えばアブラハムはイサクを殺

す心算であった（創世記22, 1-19）。人間関係からは極めて理不尽なことであろう。だが神を第一にすることはこういうことである。人間関係をあまりにも重視することへはむしろ無視することによって神を第一義とせねばならないことを示すべきである。日本の宗教は全般に、仏教は別にして、あまりにも人間的世界の事柄へと宗教を引き下ろしている感は否めない。神とか絶対者という存在がそれ自体として存するのではなく何か人間的目的のため手段にされているとしか思えぬ面が見られる。つまりここでは神のような者は真の意味では存してはおらず、人間のための宗教なのである。宗教も人間の作ったものという考えと呼応する。そういう考えでは宗教活動にも身が入るまい。キリスト信仰はそうは考えない。神がまず神として存している。人によって作られたものではない。宗教観が日本とキリスト信仰とでは根本的に異なっている。

　車を当ててへこませ、しかもその上、端から騙すつもりで会社と事前に打ち合わせして芝居をした人を無視しうるようになった。アダムから終末までの救済史的神を信じて人の力による行いは一切不要になった。このことによって人は何もしなくてよい。一切無力でよいことが分かった。そのうちに無視（許す）することも入る。許すという行いをあえてするのではない。如何なる行いをもあえてしない。したがって許すという行いをすることもしない。告訴することも許すことも共にその必要すら感じないことが根本に存している。そうあってこそ真に許すことが成立している。許す行為をあえて努力してできているのでは、心の中ではいまだ許すことについての戦いが心の中でなされている。またなされる必要のあることを示す。だがこれではいつ逆転して許さぬことになるか分からない。そこで真に許しの成立には許す許さぬという事柄が問題外となっていることが不可欠である。

　だが両方本格的にやるのは不可能だが、自我崩壊を経ているので自分の信仰の立場から種々の考えを批判、克服していく仕事を研究としてやるべきではないか。こういうことは自我崩壊なしには挫折感のためにできないであろう。挫折感、疎外感を自我崩壊で克服しつつ研究していくところに真の信仰がありはしないか。イエス自身ガリラヤという当時の僻地にいた。エジプトで奴隷の民だったイスラエルに神は自己を啓示した。何事についても最高の条件でやっていると慢心が入り込む。そうでないほうがよいのかもしれない。信仰的にはそのほうがかえって

好条件であろう。研究の条件より信仰のための条件をまず満たさねばならない。さもないと信仰の抜けた、魂の抜けた研究になってしまう。第一に信仰の条件、第二に研究の条件の順になる。今までも考えてみればそうなっている。高専にいることは決して研究では好条件ではない。だが信仰の条件という点ではそこまでいけた以上最高、最適の条件であった。こう考えると、今後は、もし何かあったらいつも本当ならこんなはずはないという、本当なら違ったはずという悩みも消えはしないか。信仰を第一に優先するのならそうであるほかないから。これがどうやらこの問題の最後の結論のようだ。イエスが誰にも知られない（incognito）ような仕方で神の子であったと同様に神、キリストを信じようとする人は是非ともそういうところを欠き得まい。この世はサタンの支配下にあるのだから神を信じる者は世では顕になりえぬ本性を与えられているほかない。それにしても本当なら人生になってしまいはせぬかと随分苦しんだものだ。今までも是非そうあるほかないことを今日と同じ形であるいは別の表現で感じたことはあっても、その時にはまだそういう気持ちになりきれなかったのであろう。つまりその時はまだ自分の心がそういう考えと一つになりきれなかった。何度かそういう考えに思い至っている間にそういう考えが自己のものになっていく。自分の心がその考えまで成長するのであろう。パウロの肉体のトゲに関する三度の祈りの結果からの慢心への反省同様、自分が最高の条件の中で研究できぬのもまたサタンの与えたものである。こういう心境に達するのに時間がかかったからといって信仰が薄いのではない。節目を一つ越えるのに苦しんだのである。incognito とは世で神の福音を宣伝するための不可欠の条件である。世で cognito な者は天国では incognito であり、天に生命はない。天国で cognito な者は世では incognito であらざるを得ない。天と世とは二律背反であるから。incognito こそ愛すべきものである。禅では乞食桃水の話のように乞食の中に隠れるという話を聞く。これも一種の incognito であろう。しかしキリスト信仰では彼の場合のようにどこにいるのかその居所さえつかめぬという如き仕方で incognito ではなくて、居所は誰にでも明確だが、その居所には誰にでも cognito な仕方でその人が現れていないとの意ではなかろうか。incognito という性格を欠く人は神の言葉を語る資格のない人ということ。ましてや当人の人となり以上に cognito であり過ぎてはこれはもうサタンに魂を売っているといえる。この incognito ということが仕事推

進のエネルギーの一部になっている。世で cognito であるのなら当人の進歩はそこで止まる。生涯 incognito たることが生涯進歩し続けるための不可欠条件である。一般には人生は cognito への努力であるかもしれない。したがって cognito へ達するときには努力もやむ。cognito へ達しても進歩し続けるためには常に自分で自分を刺激して燃えるを要す。だがこれでは常に慢心が入り込む危険が同居している。すると cognito への道は断たれているほうがよい。また cognito へ達しかけたときには自分自ら incognito への道を選ぶを要す。しかし最高の条件にあっても自分を自分で刺激してやっていけば慢心には陥らぬのではないか。パウロではたとえ肉体のトゲなしでも自分で自分を刺激してやっていけばそれでもよくはないのか。ここまでくれば神の判断に決定は委ねられている。彼自身もそのトゲは傲慢にならぬよう与えられたと解している。つまり神の判定に自己の判断を合わせている。かくて自分の場合も最高の条件でないことが最高の条件と信じることが唯一の道である。研究だけでは疎外感に悩まされ研究すらできぬと考え、実践界へと思うのは自分の生命を立てようとする方向であって cognito の方向であり、incognito な方向へ徹する道ではない。もっともたとえ外面的に知られても、当人の本質こそは incognito に留まったままなのである。当人の代名詞、それは incognito である。この incognito ということは現世、世俗から見て十字架を負っていることはもとよりだが、キリストを信じることを明らかにすることでも十字架を負っていることを意味する。このように二重の意味で十字架を負っている。後者での十字架はキリスト信仰的世界の中でこそ孤独である場で主に出会いうることと対応する。現代の脱宗教的傾向を転換させられるのは実践のみではないか。何々についての研究はどんなに進めてもそういう状況に変化を生み得まい。たとえその状況をどれほど正確に分析してみても、その答えが真にそうであるか否かについては当人自身が実践せぬ限り分からない。当人自身が神のインストルメントになりきることによってのみ現代の脱宗教的状況を解決していきうる。ただ単なる研究では真に現代のそういう状況を真剣に自己の問題として受け止めてはいない、また受け止め得ない。

　神を信じる以外に自我崩壊できぬという真理に共鳴できぬ限り自分の信じ方についてこられまい。そういう人々がはたしてどれだけいようか。だが実践の意味としては真の信仰と考えたところの当人の達した信仰と一般大衆との間にど

ういう内実があるのか。その可能性・不可能性を追求することであろう。これを
やらぬと自己の信仰自体がそこまで以上には進展せず思索もそこ止まりになって
しまう。こういう判断は当人が大学から疎外されているからではなく当人が求道
者たる以上不可避的なことである。この点の追求では文字通りすべての可能性を
探っていかねばなるまい。こういうことをしようと思えば大学にいることもこの
学校にいることも共に足かせになって来はせぬか。当人の言行にそれだけ制約が
加えられるから。そこまでいけた後の研究については当人がそこから実践すると
き真のあるべき信仰をこの日本でアッピールしようとするとき、当人の信じ方の
中で是非ここをアピールしたいところがあろう。するとそこをアピールしていく
にはこういうことをもっと考え、研究しておくを要すと思える点が出てこよう。
自分の場合では禅とキリスト教とが一体の信仰をアピールしたいので、そこへ
セールスポイントを置けば禅をもっとやっておかねばと思う。もし集会となれば
「禅とキリスト信仰に馴染む会」でもよくはないのか。

　人の理解を得て仲間が増えれば増えるほど自分が俗の中へと逆戻りする。孤高
を保たねば自分は神のインストルメントとしての性格を失う。かくて人の理解は
得られぬほうへと行けばよいこととなる。同時にそうなるので益々自分にそうい
うインストルメントの役目を務めさせ、その賜物を与え給えと祈ることが大切で
もあるし、また許されている。人の理解が得られぬ状況こそ自分の求むべきもの
である。それだけ人は自分を馬鹿にしようから。

第 3 章

救われた集団

　日本では全般に何事につけ自分単独でこうだと決めるのではなく、他の人々はどうなのかと一応考える。全体的雰囲気に乗る如き形で決めていく。こういうあり方は無我と無関係ではあるまい。自我を捨てるところに真の自己を得るという考えと相応じていると思われるから。より積極的なキリスト我ともいうべき捨てるべきでないところの新しい自己がないので、積極的に自分単独で決めることに欠ける。謙譲の美徳もまたこういう状況と関係している。人格的、内容的、積極的な何かを欠くとは人格としては生きてはいないことである。自分が実践という気にならぬのは世間の人々に対してそれほどの信頼をおく気にならぬことがある。いままでの自分の求道的過程でも分かったが、世間の人々の心ほど振れ動くものはない。自分の信じる信じ方を支えていきうるような支点を見いだしがたい。かくて読む目あるものは読めとなる。しかも神を信じることが問題なので余計そうなる。人の救い自体が目的ではないから。だが信頼となると、自分が人をではなく、逆に人が自分を信頼しうるよう努力するのが本来ではないかとも思える。

　だが神を信じることがそういう信頼関係を築くのに邪魔になろう。人は人間中心的信じ方をするため。文化の高度化、複雑化に伴い各人の関心を持つ事柄も限定される。宗教のように人間一般にとって無関心でおれないことについても無関心という場合も大いに生じている。これは宗教が社会の中心ではなく、その隅に追いやられたことに対応する。かくて宗教、しかもキリスト教に関してのある特定の解釈を書いた本を一般の読書人を相手に売っても買う人はほとんどいまい。そういうことに関心ある人はごく限られているから。何事につけ各人の関心あることが余りに多岐にわたりある特定のことについて関心ある人は少数である。一方、野球とか娯楽とかのことが一般的関心事になっている。何もかもが専門化す

ることで直接関心持てることとしてはこういうことしかなくなったのか。たとえ
自分の信じ方が今日本で受容されずとも嘆くことはない。世界的視野で見れば仏
教とキリスト教の調和した信じ方はいつかどこかで受容されよう。

　（一）　自己が信仰宣伝ですべてを尽くすとなったときにも、なおかつ学会へ出
て行くという結論にしかならぬのか。そうする場合もすべてを犠牲にして全力を
尽くすことを要すから。当人が是非いっておきたいことを分かってくれないので
はいくら人を集めても無駄だから。どうしてもある程度の教養が不可欠である。
たとえ学会でやっても多くの人の心は関心を示すまい。体制から外れた人間に対
して多くの関心を示すはずはない。信仰がどういうことか真に求めている人など
ごく少数だから。たとえどんなに熱心にやってもそういう社会の喧騒によってか
き消されてしまおう。学会などとは異なる場所にむしろ信仰を求める人はいはし
ないのか。アッピールする場が違ってはいないのか。これはゆり戻しか。イエス
にしてもいわば肥った豚相手の説教はしていない。かくてある特殊な人間しか来
ていない学会でやるよりも不特定、多数、多種類の人間のいる如き場においてや
るべきとしか思えぬ。いわゆる実践となるのか。本当に信仰を求めねばならぬ状
況に置かれている人はどっちかといえば大学のようなところにはいまい。やはり
実践か。当然といえば当然の結論である。するとどういう仕方で実践するかの問
題が生じる。学会でやっても多くの人の共感は呼べまいし転職もできまい。どち
らかといえば無視されよう。大学とは当人の如き個性的な人間を受容するところ
ではない。そこまでいけたら後はアッピールの仕事がある。だが人がそれを受容
するという気はしないので、これは相手のいないアッピールとなる。そうなるほ
かない。もっともいつか受容する人もいようと思うので全然相手を想定しないの
ではないが。だがいかに書を残すとはいえ現時点で無視されたものがいつの日か
改めて認識されることがあろうか。やはりその時代にアッピールするにはその時
代が何らかの反応を示し、その反応が次世代へ繋がっていくのではないか。預言
者の言葉もその時代にアッピールし同時代の人々が伝えたのではないか。やはり
その時代へのアッピールを欠き得まい。多くの人々が受け入れぬこととは別次元
のことである。現代のように宣伝中心の大衆社会では書を作ってただ書店に並べ
ただけでは不十分である。それではアッピールにはならぬ。宣伝なしでは無視さ
れよう。かくて何も伝わらぬ。こういう考えが当人の人生の一大転機となるか否

か興味深い。価値が転倒している現代では特にこういうことを要す。直接的アッピールを要す。実践しつつのキリスト教学こそ生きたキリスト教学であり、学者のキリスト教学は死せるキリスト教学である。それはもはやキリスト教学でもなく、さらには学でもあるまい。キリスト信仰では信じる特定の内容があり、たとえ実践をやって直接人を相手にやってもそうすることで信じる内容が変容を受けることは少しもない。そういう情けないものではない。不動のものである。信じない者は裁かれるだけのことである。

　自己の現実に即すこと、つまり現実密着的という契機が大切である。ここからまた自己が救われたときには他の人の現実へ密着することへと転化していくわけである。かくて研究についても一つのテーマを自己自身の実践から遊離して決めてそれを研究していくのはまさに遊びでしかないであろう。もとより実践から出てきたテーマを研究しそれが次第に学問的に深化していくのならもちろんそれで結構であろう。つまりその研究で具体的に誰かが救われることを目標にしているのだから。かくてここでの研究は現実から学問へ、具体から抽象への方向をとっている。通常の意味での研究は最初から抽象的になっており、実践の場に根のない根無し草に成り果てている。ある場所で始めたら場所を変えてはいけないというのではない。場所が代わって遠くなったら人が来なくなってもそれはそれでよい。是非当人を信仰の師としたければたとえ当人がどこへ移転してもその人は来るであろう。場所は無関係であろう。遠い人のほうがかえって熱心ということもある。遠くなって来なくなる人はもともと当人を師と仰ぐほど当人のことを思ってはいない。そういう人に来てもらっても来てもらわなくても同じである。ある場所に住んでそこのキリスト教化（土着化）を目的にするのなら移住は不可であろう。だが場所という世での区別に密着したことの推進ではなく、自我崩壊を経た神のインストルメントたるを目指して、それに合致した人々への伝達が目標なら場所への限定は合目的的ではない。一定箇所にはそういう人々は限られた数しか住んでいまいから。場所に限定されずできるだけ広範囲にという方が適切である。例えば当人が外国へ行っている間になくなるような集会ならなくなればよいことでもある。師が師なら弟子も弟子である。この師ありてこの弟子がある。いい加減弟子なら要らぬ。場所を変わることは一向に構わぬことは大きな発見であった。実践、研究のうちやはり前者に重点がない限り当人が救済史のインス

44　第1部　世にありて

トルメントたる使命感にも似た心境にはなれまい。大学にポストがあってもよい
が、そこへ自己の中心があるのではいけまい。研究中心の気持ちではインストル
メントたる心境にはなれまい。研究室の中で他人の書いたものを読んでただ議論
ばかりしている宗教がどこにあろうか。だが世俗のこと、失恋、恋愛、借金、子
供のことなどについての相談にのったり、話し相手になったりで人を引きとめよ
うとしてはかえって福音を語る者としての権威を汚すこととなりはせぬか。そう
いうことなしでは人が来ないようでは福音ではなかろう。

　真に信じているのなら他の人々が最もやりたがらぬ方法で伝道できようし、そ
うすべきであろう。現代のキリスト教では辻説法は大概の人がとりたがらぬ方法
であろう。恥ずかしさも手伝おう。信じてないからであろうか。既成の教会の牧
師になる程度のことならそこまで信じてなくても可能であろう。異教的世界の中
でその接点に立って本当に責めも恥じもという姿勢に出ることを意味する。こう
いうやり方は真に信じていないと取れない。また伝道とは本来そうあるべきもの
である。いい加減な信じ方でも可能な如き仕方でやっても意味はない。最も難し
いやり方はやはり辻説法であろうか。しかも一人でやるのである。個人が全責任
を負っていなくてはならぬ。集団ではやはりどこかにごまかしが忍び込んでいよ
う。集団なら恥ずかしいという気持ちもその分和らげられよう。責任という点で
もごまかしが入ろう。上の人に聞いてみるとなろうから。病院への伝道も建物の
中においてでありごまかしの入る余地は大きい。不特定多数の大衆の前に個人と
して身をさらすことを要す。キリストを信じるとはキリストのために気が狂う
ことである。さもないと辻説法をしたり、街中を賛美歌を歌って歩いたりはでき
まい。恥ずかしいと感じたり、迫害されたりして福音が前進する。そういう契機
を欠くとは当人がキリスト教的な自己同一的世界に留まっていることであり、異
なった世界へ入っていないのだから福音の前進はない。日本では迫害などはされ
ない。そこで異教の世界の目で見られて恥ずかしいという心境が中心となろう。
日本文化は恥の文化といわれるぐらいだから、異質なものをのけもの扱いする観
点からの恥ずかしさは特記に値しよう。恥ずかしさこそ現代日本での福音伝道で
の十字架である。逆にいえば恥ずかしさ抜きの伝道はそのうちに入らぬ。だがた
とえ辻説法をしても欧米諸国では恥ずかしいという気持ちはないのかもしれな
い。当人がこうだと信じることの人前での発表はきわめて立派なことだから。内

容がどんなことであれ恥ずかしいという心情はないのかもしれない。だが日本では人と異なったことをすること自体を恥ずかしいと思うよう幼少よりしつけられている。おそらく辻説法をしても欧米人は日本人ほど恥ずかしいという意識はなかろう。聖書を見ても告白が恥ずかしいという表現はどこにもないのではないか。告白へ迫害が来ることはある。だが告白は当時としては特に変わったことではなく恥ずかしいとは感じなかった。日本では福音は恥によって前進する。パウロのように鞭打たれたことが何回ではなく、恥ずかしいと感じたことが何回となる。当人がインストルメントになりきった人はいかなる組織にも依存はすまい。むしろ逆に当人の周りに自ずから人が集まり組織ができることはあろう。預言者とはそういうものであろう。これこそ最高の存在である。

　（二）　世俗的な何かへの乞食根性を断てば神的なものの突入があろう。だからたとえそれが失敗してももはやそれ以外に道はなくはないか。キリスト教的世界から疎外されていくのを感じるたびに本当にサタンがいるのではあるまいかと感じる。実践へと人を駆り立てる強烈なものとは固定的、絶対的なものではない。ある人にはそうであっても別の人には不十分ということも大いにある。自我崩壊も禅ならそれで十分かもしれぬが、キリスト信仰をその点から考える人にはそうではない。当人を実践へと駆り立てるほどのものではない。また反省力ある人には不十分でもあまり反省しない人には十分ということもありうる。あくまで当人にとってのことである。実践しうるところまでの経過を明らかにし得れば十分ではないのか。実際実践して人が何人集まるかは当人には最重要なことではない。人格的次元への共鳴なしではキリスト信仰が受容される地盤が消えることを思えば、多くの人がそれほどまで人格主義的なことへ共感を持っているとは思えぬし、またそういうものが与えられるとも思えない。厳密な意味でのキリスト信仰が多くの人に受容されるとは思えぬ。だから文書による間接伝道となろうか。目先の人を多く集める伝道よりより根源的伝道である。原伝道ともいうべきものである。一般の伝道がなされる根底、下地を造っていく伝道である。伝道には二種ありうる。その時代、場所に自己をあわせて人を集めるそれと、永遠の相の下でのそれである。純粋に考える人は後者のほうがその託された使命ではないのか。そういう人へは多くの人は来まいから。それはそういうことが当人の使命ではないからである。目先多くが集まらずとも何百年の長さで考えると多くの人の共感を

呼び起こし、結果的には多くの人を集めることとなる。よい意味で伝道のための伝道である。既成の体制も何もない状況での開拓伝道はよいが、現実の日本はそうではない。神学校もいくつもある。既成の教会も多い。かくて既に体制ができている。かくて当人の開拓伝道へ来る人は既に何らかのキリスト教の本を読んだりしている。さらに既成のものへの共感をいくらかでも植えつけられていよう。当人が開拓伝道するにはそういう要因をすべて根こそぎにしてからでないとできまい。だがそういうことはできない。「信じるとはこういうことだ」について人格主義的になればなるほど多くの人は去って行こう。だからといってそういうことをいわずには済ませまい。信仰では神を第一義とするのだから。そういうことをいってもいわなくてもよいのではない。神第一義という契機が不鮮明だとそういうことも可能であろう。もし可能ならイエスも十字架につけられずにすんだであろう。旧約の預言者についても同様である。直接にしろ間接にしろそういうことをいわぬことはできない。いわぬならキリスト信仰は成立しえぬ。当人の周りに人を集めるには自身が彼らの信仰へ同調する一面を要す。そうでなければ彼らとの間に溝ができ人は去って行こう。

　かくて孤独に耐えることは神、キリスト以外のどこからも励まし、助け、力は来ないことを意味する。そうあって初めてキリストのしるしを身に帯びている。開拓伝道しても来る人は皆通常の価値体系の中で生きている以上当人の信じ方を受容すまい。たとえどん底の苦しみから救われても、またそういう世界へ戻ってしまおう。戻らぬには当人はその時から、救われたときから始めて多くの血を流さざるを得まい。そういうことを多くの人に望めない。しかるにただその時だけの苦しみから逃れればよいのならキリスト信仰でなくてよい。内村鑑三のように単純に信じる信じ方はバプティスト、モルモン教でも共通である。全世界にそういう人々はいる。他方考えながらとなると全世界共通とはいかぬ。終末を聖書に書いてある通りに信じようとするので現代の科学的知識と相容れぬと感じる。キリストの出来事から救済して地平が開かれるというだけでは実践には不十分かに見える。だがそれには本当に不十分なのか、あるいはそういう考えが自身のものになっていないので不十分なのか二種類ある、後者が原因ならあとは自身が実践するしかなくはないのか。しない限りこういう考えを自己化できまい。孤独たる点は孤立していても、実践して少数の人が当人の周りに集まっても同じであろ

う。双方の相違は信仰自体が実践する当人のものになるか否かである。教会は作らなくてよいが福音は語らねばなるまい。パウロはあれだけの活動を行いあれだけのものを書いた。思想と存在とが一致しないと思想が自己のものとは思えぬという欠点がいつ迄もついてまわる。救済史的地平が開かれるというだけでは実践しようとするには不十分だと以前感じたが、これは実は逆であろう。実践せぬ限りたとえどんな考えを有していてもそれで果たして十分かという疑念の消えることはない。実践すればそれで十分と思える考えも実践せねば不十分としか映らない。不十分か十分かの判断は考え自体についてというより、考えと自己の存在との関係から出てくるものであろう。当人が伝道しても人は集まりそうにないことや欧米ではキリスト教世界と世俗世界とは二重で、しかも原則として全国民がキリスト者なので同じものだということなどを考えていると、信仰とはやはり個人のことであって集団化しえぬことである。

　日本のキリスト教世界は信者数はせいぜい100万人ほどだが、欧米の一般社会と同じものになっている。やはり実践を要しはせぬが、キリスト教社会の中で書物を書くだけでなく集会を作ってもよくはないか。そういうことをしないから教団という発想を欠くのではないか。書物だと個人に語りかけるのみであり、教団は欠ける。一人の人の罪で死が入り、一人の贖いで命が入るという個人と集団との連帯という契機は教団を欠くところでは存しえぬ。やはりその集団については当人が責任を持つ集団があってこそ当人が神と民との間にあるという自覚もまた完全となろう。その際、集団がキエルケゴールにとってのデンマークの全国民の如くあまりにも漠然としていては具体的な個々の問題が迫ってこないであろう。このことは帰納的に推測しうる。仏教では神がないので神と人々との間の存在ということもない。だからある集団に対して自己が責任を持つという事態もない。もしあってもそういう集団は漠然としていてもよい。だからキリスト信仰の場合こそ自分で集団を持っていなくてはならぬ。集団を欠くとそれに応じて救済史的シェーマも実存論的に変えられていく。聖書に依存して信じようとしているのはまだ当人自身が信の当体になりきっていないからである。当体になりきれば聖書という文字に書かれたものはもはや不要である。だから聖書の研究を主張する聖書中心主義というのもどうかと思う。文字中心主義だから。一切の文字に書かれたものを離脱せねばならぬ。聖書の背景にある信仰自体へ達していればもは

や聖書が要らぬは当然である。禅の公案についても同様であろう。公案はそれを発言した人が作ったのであってそれ以前に何かがあったのではない。聖書は禅でいえば公案のようなものである。口真似ではいけないとは聖書に依存してはいけないことを意味する。

（三）研究、実践双方の実行は実際問題として難しいなら前者中心にして十字架を負うことではすることはいくらもあろう。当人があえて実践せずとも十字架を負う方法は多くありはせぬかと思う。伝道の補助にしろ献金にしろ。だがそれでもなおかつ自己の全存在がインストルメントになっているのとあの貧しいやもめが全生活を捧げた（ルカ21, 2以下）のとでは雲泥の開きがありはせぬか。前者の仕方ではどれほどのものを捧げても自己の全存在がインストルメントになっているとはいえぬから。だがさらに研究することでもそれになっていないといえるのか。

そもそもインストルメントとはどういうことなのか。各々の人はそれぞれの務めを与えられているから、研究者は研究でそうあるのではないか。いわゆる実践をすれば直に人を救いうるが、研究では書にしても直に見えて人を救いえぬがより多くの人を救いうるのではあるまいか。となるとインストルメントとは生活可能か否かで決まるのか。確かに預言者などは生活できてはいない。インストルメントたることを徹底すればするほどそういうことなのか。確かに多くの預言者、パウロなどそうであった。だが中世などではそうではなかったであろう。要はその時代によって生活可能か否かも決まってこよう。ではどうあることが現代ではインストルメントであることか。結論的にいえば、各人が自己の良心において反省しこれが自己の道であると、心からの確信がある道をいくことがよいのではないのか。

一般的にいってこれが現代でのインストルメントたることだと普遍的概念規定はできないであろう。この点は古代から現代まで変わらぬ真実であろう。こう考えてくると、平凡なところへきてしまう。要はこうするのがそれであると決めてそこへ自己を合わすのではなくて、その都度自己がどうすべきかがそれであるかを祈りにおいて問いつつ一歩ずつ進んでいくのがそれであることの一般的、形式的あり方であろう。たとえ実践していてもそればかりしていてよいと思えるか否か分からぬ。研究をもっと本格的にやらねばと思うこともあるかも。そう感じ

ればそうするのがそれであることを意味する。また実践していてもそのまま続けるのか別方面へ展開するのか種々問題は起きてこよう。かくてその都度問いつつ進む以外にない。かくてこれで完全にそれになりきっているという完成、完全というものは人間にとっては永久にない。つまり人間が未完成であってどこまでも完成を求めていくところに信仰の重荷というものの一性格を見うるであろう。一方で、現代では真の信仰への迫害する力さえなくなっていることは決してそれが受容される素地ができていることを意味しない。これは現代が現世中心の時代であることと無関係ではない。真の信仰を叫ぶときでもキリスト教界に対してとそれ以外の一般社会に対してと二つの場合を考えうる。前者が動脈硬化して真の信仰が迫害、排除されれば後者へ向けて真の信仰をアピールすることとなろう。それ以外にはない。

　例えばルターもキリスト教界から追われて一般人、当時の独ブルジョアジーに対してアピールした。一般社会は必ずしも空間的、場所的に区分けされてはいない。同一地域の同一のキリスト教的社会の中での一般人、一般信者ということもあろう。ルターの場合そうであった。日本などでは場所的にも非キリスト教社会があるのでやや趣を異にしよう。また反対にキリスト教界が真の信仰を受容の場合はキリスト教界全体がそれによって養われ非キリスト教界に対して伝道することとなろう。こうして非キリスト教社会はキリスト教界がどういう状況にあるかで二様の働きをすることが分かる。ルターの場合でもあえて宗教改革をしようと思っていたのではない。真の信仰を既成の教会へアピールしたが受容されず図らずもそういう結果になったのである。かくて伝道についても個人としてどうするかとキリスト教界全体としてどうするかという二面から考えるべきである。真の信仰を叫ぶ当人がキリスト教界全体に受容されれば非キリスト教界世界への伝道は自分個人としてすべき問題というよりキリスト教界全体として取り組むべき問題である。そのうちの一人として当人もそのキリスト教界の中にあり、かくて当人が直ちにビラを配ったりマイクで叫んだりが伝道とはなるまい。当人は研究的なことをしていてもそこの学生が卒業後牧師になれば間接的に当人も伝道に参加していることとなろう。反対に当人がキリスト教界に受容されぬ場合は自分が直接日本なら非キリスト教界に対して伝道することとなる。先の如き行動も出てくるかもしれない。この場合自分が間接的に伝道に参加することはありえぬ。

是非直接に伝道活動をする以外に道はない。ルターでも親鸞でもそうであったであろう。かくて当人自身が伝道活動するか否かの問題でも根底には個人として信じることがいかなることかへの理解が存している。

その理解の相違から自分が直接しかも最初は一人で共鳴者もなしで事を始めねばならぬであろう。そこで自身が直接実践、伝道に携わるか否かで個人としての信仰内容が変化することはない。むしろ逆に信じるとはこうだというところから体制が受容せぬ場合に自己一人で伝道活動せねばならなくなる。だから伝道するか否かで当人の信仰が深くなる、浅くなる、幅が広くなるとかは基本的には起こらない。少なくとも基本事項が変わりはせぬ。もとより実践すればすぐには人は来ないので人へ伝えることの難しさは分かるが、それによって信仰内容が変化することはない。イエスも「いつまでわたしはあなたがたと共にいられようか。」（マルコ 9, 19）というが、それによって信仰自体が何らかの変化を受けてはいない。またパウロはエフェソでは野獣と戦ったという（第一コリント 15, 32）が、たとえそれで信仰がより強固になっても内容が変化はしない。当時の状況では彼に限らず一般信者も命がけで信じたのであり、こういう状況は特に彼に限るまい。一般信者も動物と戦って信仰はさらに強固になっていったであろう。

2015 年は筆者には伝道元年ともいうべき年となろう。求道者が伝道者になる最初の年である。求道者が転じて学者になることはない。研究は必要だが、それは求道や伝道にとっての随伴現象にしか過ぎない。まず第一に例の本の出版がある。これは不特定多数を相手にした伝道である。聞く耳あるものは聞け（マタイ 11, 15）である。第二に実際教会へ行って考えつつ信じようとしている人々の話し相手になる、そこから自分本来の活動の場を求めていく。ある程度知識層もいるのが適切なので和歌山の教会へ出ればそこから何か独創的なものが生まれる可能性もある。特定のところでという考えは必ずしも正統的でもない。それ自体は伝道ではないが伝道的活動に関わる事柄、例えば遠くへ出向くことから信仰もまたその分益々深まることにもなる。一か所にいてそこへ来る人を相手なら楽であろうが、伝道に関わる苦労の少ない伝道方法だけでは自分がキリストの奴隷であるとの自己認識もその分弱くなろう。かくて伝道に関する苦しさはそれ自体としては付随的だが不可避的なことでの苦しさ、辛さを含むものとなろう。こういう事情はごく自然なことである。自分が信じている信条を人に伝えること自体は自

分がしたいことだから、それ自体が苦しい、つらいことはないのは当たり前である。問題はそれの遂行に種々の困難が現れてきてもそれをする場合である。これこそキリストの十字架と連帯的なものである。

本の出版は一種の伝道活動である。そこでできるだけ多くに人々の目に触れる形で出版するよう努力すべきである。出版社が扱わぬと決めればその時点でできるだけ多くの人にという努力責任は解除される。今まで通りの仕方で出版し、各地の図書館へ献本すればよい。最初から安易にこれまでのようにと考えるのはそういう努力放棄である。これは正しくない。駅前でビラを配るという伝道活動でも99％は無駄であろう。だがそれでもそうしている。「福音を告げ知らせないなら、わたしは不幸なのです。」（第一コリント9, 16）とある。それと同じである。霊の火を消すことは許されない。こうして初めてサタンを上回りうる。あえてそうするとの決断を要す。同時に心が世を離れて天に移住することとなる。この決断は世への決別宣言である。"一"とはこういうこと以外ではありえない。神以外の全てを蹂躙してこそ"一"である。否、"二"である。神が"一"だから。

こうして社会的活動という場合、自分は深く考えようとの傾向が強いのでそういう社会の中での活動となる。そこと単純に信じる人々の社会とは今ではもはや別世界である。だから単純な世界のことは度外視して自分の世界の中へ出て行ってやればよい。パウロが反信仰、あるいは半信仰的な種々の人々に出会い、苦しみを受けたように自分も自分の世界へ出て行って多くの種類の人々と出会い種々苦しみを受けよう。彼は、教会に集まったときの話だが、「あなたがたには、飲んだり食べたりする家がないのですか。……わたしはあなたがたに何と言ったらよいのだろう。」（第一コリント11, 22）という。それと同様の憂き目に会いもしよう。今の苦しみはとるに足らぬ（ローマ8, 18）とあるが、いくらか分かってきた。つまり具体的表象を超えてそう信じうるであろうという確信がでてきた。ただ今の自分がすでにそういう境地に至りついたといい切ることはできない。可視的世界のリアリティが当人にとって消え行くほどそういう信じ方が可能である。先のようにいえるには社会的に出て行って行動すること。彼でもその主張が社会の中で中心的な話題、人物になる具合にやっている。筆者も学会を手始めに自分の考え方がそういう社会の中で話題になり、注目される人の一人にならねばならない。さもないと（ローマ8, 18）の告白を自分の言葉として自分の口から

発することはできない。だから全力を挙げて社会的に進出せねばならない。自分の現に生きている時代の中で無視されたり遊離したりの状態では先の告白は生まれない。

実践しようにも考えようとする傾向がアウグスティヌスではないが、とりもちのように自分を引き付けて放さない。これはもうそういう仕事をすることが神の召命ということなのか。本当は実践して新しい展開を求めたい気持ちがある。だがキリスト信仰と禅や真宗との関わりとかキリスト信仰についてもいまだ考えたいことが多くある。これらを済ましてでないと実践へは進めない。終末がいつ来るかわからぬ状況になっているパウロの時代でのように、実践へ傾倒できぬ事情があろう。終末が自分の存命中に来ると考えれば仏教との関係を考えることも無駄だろうが、そう考えられぬ以上、仏教との関係も考えるを要す。自分のような仕方で信じた人間が単純に信じる人を相手に実践してもその人のその人たるところは全然生きてこない。社会的分業如き点も終末の無期延期という状況から生じざるを得まい。自分自身のことを考えてみてもある人が何もかも捨てて実践しているとしよう。話してみて深く考えていない場合、少なくとも自分はその人に共鳴できまい。もし深く考えているとしよう。すぐに共鳴できるか。そういう状況にある当人が現代において深く考えることができるのか。ないないづくしの状況で深く考えていることは期待できない。自分がここまででも考ええたのももともかく文献も自由に買えるし、考える時間もかなりはある状況にあったから。かくて現代では単純な人にはそういう人が、知識層には知識人が対応するほかない。深く考える人が無一物になって実践をやろうとすれば、それは単純に信じる人をも知識層をも捕らえられまい。訳の分からぬものになってしまう。神話と科学との未分化の時代ではそうではなかった。ここではまだ単純に信じる人と知識層との分化も実践という観点からは問題にならぬ程度だった。だから現代では知識層は徹底的に知識的であるを要す。あくまでもそういう世界の中で十字架を負っていくべきである。仏教の文献についても漢文で読まねばならぬかもしれない。やむを得ずそういう分業が出てくるのではなくて、より積極的意味でそうである。そういう対応が不可欠である。知識人は知識層に対していわば実践という状況になる。

今日研究室のクリスマス談話会があった。今まではそこまでいけたら後は実

践だと思っていたが、実践とはと考え出すと自分の信じ方を多くの人に説くのが実践とはなるまい。そんな信じ方が多くの人に受容されるはずはないから。自身がそういう信じ方を実践するのが実践だと分かった。人へ説くのはどちらでもよい。自身が現実生活の上でそれを実践して、それに基づいてその信じ方を思想化、体系化していくのが今後の自分の仕事である。今日の発表を聞いていてもここに集まる人へ信じる内容を説いてみても分かるような人がいるとは思われない。真に分かろうと思えば研究室如き集団からは一度は疎外されるほかないから。

　（四）教会を救われた人間の集まりとしてでなく、よりゆるい有機的連合体と見るべきである。たとえそこに入っていても滅ぶことも当然あろう。カナンへ入れず滅びたイスラエルの民もいたように。その上、救済史のインストルメントになっていればそれ以上個人として救われて天国に生まれえようとえまいとそれでよい。現在のこの生において救いが実現していると考える考え方ともこういう考えは一致する。伝統的なものを次々破壊するようだが、それを十分せねば新しいものの誕生はない。この点、バルト、エーベリンクにしろ、あるいはブルトマンでさえも過去の遺物にしがみついて思索しているとの印象は避けがたい。今の時代では破壊することが多く積極的なものが生まれないというが、それは例えば中世を前提にして考えるからであって、現代の次元で考えれば決してそういうことはない。過去と比較して考えることはやめよう。現代は現代の状況を前提して積極的なものを生み出しうるし、またそうせねばならぬ。積極的という点では今までのものを一切清算して作るのだから文字通り積極的といえる。破壊が即積極的行為である。何かそういうものがない限り在来のものを破壊はできないから。破壊しうる、しようとすることは積極的なものの存在を示す。そういうものとは例えば中世のような時代での人間理性と合体した如き体系的神学であると考えることはできぬし、またそういう考えは正しいとはいえまい。むしろその時代の人間を生かしめるものこそが積極的なものである。そういう意味では近世までの遺物たるキリスト教はもはや積極的とはいえず消極的なものへと変質してしまった。そうであるほかない。当人がキリストの体である教会内のある場所に位置──これが何であろうと、鐘を突くことであろうと、下足番であろうと──を占めて当人は救済史の中に位置づけられることとなる。与えられた務めの大小は関係ない。どの務めもなくては困るものばかりであるから。ここに人の救いが確定する。

客観的事柄が救いを確定する。人側ではなく他者側に救いの根拠がある。人の魂は帰るべき港へ帰り得たことになる。自身で教会を作るのを目指すとか家で集会をするとかはいまだ自我というかともかく自分という意識が残っている姿といえる。ルターでもやむを得ずあのようになった。最初からいきなり新しい教会を作ろうとしたのではない。かくてまずどこかの教会に属し自己をキリストに代わらせることをせねばならない。これがすべての出発点である。キリストの霊がそこで働く領域として教会をまったく考えないとすれば、人の心の中に直接働くほかはない。だがそれでは当人の心のあり方で主の霊は当人の心の中にあったり、なかったりという状況になってしまう。当人の心が左右へ揺れても、これは人として避けえぬが、人の心の中に主の霊が宿り続けるにはそこで霊がいつも働いている特定の領域が不可欠である。個を超えた領域である。たとえ個人の気持ちが弱気になり霊の働いていることを見失いかける心境になっても、霊の領域たる教会へ行くことで再び自己の心の中に霊が働いているという確信を与えられうる。だからウエスレーなどのいう完全ということも霊の働く領域たる教会を考えることと切り離しえぬ。さもないと人は自己内で働く霊を見失い、ついには信仰から離れることとなりかねぬから。世がサタンの支配する世界だとの理解が強いほど霊が支配する領域たる教会という理解もまた不可欠である。あらゆる種類の誘惑がキリスト者の心に迫ってくる。

　悪と罪との支配する領域に対抗するには一人の人としてのみ存している人の心というだけではきわめて不十分である。こういう信仰が前提で初めて当人の使命という考えも浮かぶ。自己の心が仕事の中に吸収されることを要す。自己が仕事より大だったが逆に仕事が自己より大となった。いわば不等号の向きが逆へと変わった。これまでは自分がこういう仕事をしているという意識だったが、今後は仕事（使命）のために自己が生かされていると感じよう。主客の逆転が生じた。10年先では客観的に見れば今より仕事は進んでいよう。だが自己という主体の立場ではもっとやりたいとの気持ちは変わらぬ。その点では今も10先も有意差はない。こういう判断において自我放棄が現れている。その時には客観的には多くのことをなしえていようが、そういう客観的な量は他人との比較の上での判断であり、いわば絶対的主体に既になっている真の主体としての自己には無関係のことである。信仰うすき大衆信者の只中にいればそういう信仰のあり方の批

判を通して自己の信仰自体がさらに前進させられよう。反対のものがあることが
かえって刺激となっていく。パウロ、アウグスティヌス、ルター、バイゲルなど
教会の中にいつつそこに安住しない点が共通である。キリストの体の中の当人に
与えられた部署につくことは不可欠である。そこでの深い追求が主の許に至りつ
く道である。伝道とは当人に可能なあらゆる方法でやるのが本来の仕方であろう。
学会活動に限ってはいけない。大学内に研究会を作るもよし。またそれを契機に
一般社会人も含む形でやれればやるとよい。興味本位の人が主として集まる学会
だけを活動の場とするのは本来無理である。だがそういう場所にも信仰を純粋に
求めている人もいよう。だからやるとよい。パウロもユダヤ人にはユダヤ人のよ
うになりましたという（第一コリント 9, 22）。できる限りすべての人にはすべて
の人のようにである。いかに主の与え給う食物とはいえ直接教会に関係するもの
とそうでないものとあろう。後者を食べての霊的成長は勿論ある。その点前者で
も同様であろう。だがその食物が教会に直接は関係しない場合それを食べた個人
が成長はしても直接教会の成長にはならぬ。その個人が成長して間接的に教会も
その個人がそこにいる限りで成長するといえるが。

　これに対し直接教会に関係する食物の場合はそれを食べてその個人が成長す
ると同時に教会自体も成長する。個人と教会とが二人三脚でそうなる。つまり
教会に直接関係した食物を食べての成長のほうが好ましい。先の人々もそうであ
ろう。こう考えると、いつまでも個人の成長に留まっていてはいけないこととな
る。単純に信じるのが今までほどいけないとは思わなくなってきた。考えて信じ
る場合も結局そういうところへ達するから。考えることはあくまで途中の段階で
あってここに重点をおくことはやはり人間側での差異に重点をおいていることを
意味し信仰の見方としてはやはり間違いとなろう。いかに少しでも信仰に関わり
を持てばそれでよいのであり、それで救われている。こういう状況、考え方になっ
て初めて伝道に意味をおけよう。考えることに重きを置けば伝道という方向へ出
て行く力はどこからも生まれまい。かくてやがて伝道へと展開していくのであろ
うか。

　孤立して心身脱落し泰然自若とは元来キリスト信仰的ではない。信仰は元来教
団的である。キリストが世に受肉したこと自体この人間という存在を目指しての
ことである。キエルケゴールのように孤立して実存主義的なのは信仰としてはや

や偏ってはいないか。そこまで当人がいけた以上、信仰とはこうだと世に対して最も影響力のある箇所を納得させればその影響力によって間接的に福音は広がっていく。パウロも当時の大都市で宣教して田舎はその影響下にあると考えていた。キリスト教がローマ帝国の国教になったこともそういう意味があろう。そうなってキリスト教は帝国の隅々にまで広がった。要は世俗の流れを流れさせている中枢がある。ここの中に自分が食い込むことでその社会全体をそういう方向へ流れさせうるようになる。かくて当人の考えの広がりに対して協力しうるあらゆる人、階層をよい意味で利用して全体の流れをそういう方向へ向けさせるよう努力すべきである。

（五）教会の会員になると、その世俗生活に関することの用事が結構多いのではないか。見舞い、教会のバザーとか。かえって世俗のことに巻き込まれてそれこそ悟りもままならぬこととなってしまいはせぬか。そこで現在の状況で不要、不急のものをできるだけ減らしていき、信じることとはと問う仕事をすること。こういう方針はどうか。世俗から心が離れれば自ずから心に書かれた律法が益々顕になってくる。結果、キリストへ益々近づく以外道はない。というより心が世俗から自由になれば、その心は実はキリスト自身といってもよいことが顕になる。イエス自身についてみて40日40夜山で試みに会われた。まったく個としての働きであった。決して集団に属しての行為ではなかった。世へと繋がる糸を一つひとつを切っていくしかない。それさえできれば教会の中にいても外にいても有意差はない。世とのつながりを切らぬことには始まらない。ここがすべてである。自我崩壊で神、人の間に介在の自我が消えれば神と人とは直結した関係になる。そこで神がイエス派遣に始まって世界の中に造られた世界に存しつつ世のものではない存在、教会へキリスト者は入る。入って世からわけられる。そういう仕方で世に対し自己を宣言する。それにより自己がキリスト者であることを本人が改めて認識する。そうしてヨハネの黙示録にある如き迫害があっても耐えつつ信仰を全うして生きるよう促される。他人が自己をそういう者として見ることが自己をそう認識することへと促進する。自己と他人とは同一の社会を構成しているから。パウロが教団外の人には無頓着だったこともこう考えるとよく分かる。そういう人は元来救いの埒外にあるのだから。主の霊がキリスト者の心に宿ることも彼がキリストのからだの中にいるからである。人がもし

外にあれば主の霊はいつも当人の心に宿るわけにはいかない。こういう考えは心と体を分けないで一体的に考える考え方とも一致する。

　こうして世にあって人は心をキリストの体の中に留めつけておきうる。これは人が世にあって種々の誘惑に出会って危機にさらされるときそれに対抗しうる現実的なものとなる。誘惑、背景にある世俗のものも現実的だが、それに対抗するにはやはり現実的なるものを要す。キリストのからだこそ霊がそのうちに満ちており現実的な性格である。人は現実に目では見えぬところへ心を留めつけ得ない。これはいくら信仰が深くなっても同じである。コリントの信者のようにパウロのレベルまで達していなくても、パウロのようであっても人の基本的構造に属すことなので同じである。人は霊の体が与えられるまでは罪からまったく清められることはできず目に見えぬところへ直接に心を留めつけ得ない。そういう不可視なところへ心が直に届き得ないから。不可視的次元へ直に心が届きうるのならキリストの受肉という事柄もあるいは不要だったかもしれない。心を可視的教会へ留めつけると考えた場合完全になりなさいという言葉を聞いても、それについて抵抗はない。たとえ自己が完全にはなれないと分かっていても、それを神の言葉として聞きうる。神の助けで最終的には終末の世界で完全になりうる、完全にしていただけると信じうる。ここでは自己の努力で完全になることと神の助けでそうされることとは前者は人の力、後者は神の力によるという具合に二分しては考えない。二つを一体として受け取りうる。主から離れた自己はないことがこういう点にも出ている。

　学校に居続けるより自分を捨てる修行をするほうが目的に適う。したがって内地留学が不可なら出て行くのがよいか。もっとも出て行くのはここが嫌というより信じるとはこういうことだと何より自己自身に言い聞かせるためであろう。内地留学で京大へ行き勉強すれば知識は増える。だがその間は霊的成長は止まろう。不満のある食物摂取は止まるから。かくて留学で知識を得るか、霊的成長を得るかの選択となる。どちらも悪くはない。双方とも今後必要だから。神が与える食物を喜んで食べないと霊的に成長はしない。自分として好都合なことを喜ぶことは誰でもする。好・不都合の区別が消えぬ限り真にキリストのものになってはいない。今日も会議があったが、さほど早く終わればという気持ちもなくなった。良し悪しいずれが来てもすべてに感謝という心情が少しは芽生えてきた。し

たがって感謝で一杯の生活、主が与えるものへは何でも感謝という生活である。感謝、感謝、そして感謝 — 無限の感謝、これこそ求道者の生活であろう。合掌、合掌そして合掌である。こういう生活では不平、不満は消える。こういう状況は自己の無的実存に呼応する。「人を裁くな。あなたがたも裁かれないようにするためである。」（マタイ 7, 1）という話があるが、もはやそういうことはない。またそうであってはならない。この箇所の聖句からも明白である。今日特に感じるが、約 2 年前自我崩壊して以来日毎に自我が益々消滅するのを感じる。今後一年もするとさらにすばらしく成長していよう。予測だが、おそらくこれ以上はないほどに。自我消滅まではここにいるがよい。一切合財が善きも悪しきも主が与え給うママであり、霊的ママである。自然に合掌したくなる。そういう気持ちが抑え難く湧いてくる。そのことで神の子へと変えられていく。主と同じ姿へと。神を信じ、キリストを信じてのみ成仏できる。仏という如き中途半端なものを信じたのでは人は成仏できない。身体的に考えてもあらゆる栄養を取らねば十分な成長は望めない。ビタミンが欠けたり、カルシゥムが不足となったりしよう。それを避けるにはこれはおいしいので食べるが、あれはおいしくないので食べぬではいけない。全部食べることを要す。というより本人が欲しくないものほど食ねばならない。さもないと栄養がアンバランスになる。にんじん嫌いの子には何とかして食べるようならせねばならない。それが親の務めである。霊的成長についてもこのことはそのまま妥当する。その時の自分に好都合、気の進むものばかり食べているとアンバランスになり成長は止まる。かくて自分が不平、不満を感じるようなものこそ大いに食べねばならない。そういうものこそ人の霊的成長に必要である。ここで不平を感じることが一つでもあればここに居ても霊的成長の食物は十分あることとなる。不平などがまったくなくなってはそこではもはやそれ以上は成長はしない。だからここを辞めるのならそれも悪くないが、その場合不平のためではなく不平がなくなったことゆえであるを要す。不平が消えたことが不平であるのでなくてはならない。唯の一つでも不平があるのは成長の種が主から与えられたことを意味し、有難いことである。こういう明確な認識に達したのは今回が初めてである。こういう理解がなされていれば一切の不平は消えていよう。たとえ何がきてもすべてが転じて益々成仏していく契機となろう。またそれによって益々主と同じ姿に変えられていこう。

ビラを配りつつ、どこで集会があるから集まってくださいと通行人にいうだけでは多くの人は来まい。来るのはすでに興味があるから。問題はそうしても来ない人へどうするかである。もちろん来ないとはいえまったく興味なしとは限らない。そういう人がいつまでも信仰に無関心と定められているとは限らない。そこで来ぬ人へ話となれば集会へ来いではなくて、その場ですぐ話す以外にはない。通行中の人を相手に話す以外にはない。辞めて例えば大阪へ出て行って伝道活動しようというほど自己の専門へ傾斜した人間が食うためとはいえドイツ語の非常勤を週に例えば10コマもできようか。仮にあったにしても精神的にできまい。となると食う方法がなくなる。自分の志すことと現実にしていることとが全然ちぐはぐだから。今は現実にはそうしておらず頭で考えるのみなのでやれそうな気でいるが、実際にやりだすと耐えられぬのではないか。如何に講読の科目などで宗教的内容のものを読んでもなおかつやり切れぬのではないか。

研究、実践双方行うこと。研究がいわゆる興味本位の研究でないのと同様に、実践もいわゆる既成教会の牧師ではない。それらは共に本来的意味では研究が研究でないのと同様に実践は実践ではない。研究が研究であり、実践が実践であるには研究は研究ではなく実践であり、実践は実践ではなく研究であらねばならない。目に見える形に囚われてはならない。このことは信仰自体が目には見えないのと同様である。早急に実践を始めねば研究もできなくなってしまう。自分自身の存在の意義が失われてしまう。何のために生きているのかの何のためが脱落してしまう。自分の存在を支えているものが何もなくなってしまう。以前にもこれに似たことを感じたことはあったが、そこまでいけたあとここ3、4年仏教のこととを考えていたが、それが一段落していよいよこういう問題が浮上してきた。興味本位ではないので自分が何か問題を感じているか、あるいはそうでなければ他人が信仰について感じている問題を知っているかしないと研究しようにもすることがないし、しようにも気合が入らない。今日初めて今までよりはっきり実践しなくてはという気持ちが強くなった。自分の信じ方を直接アッピールすることである。ぜひともそうであるほかない。だからとて研究を止めるわけにはいかない。双方となる。実践と研究との並行、これ以外に自分のいく道はない。転職できれば必ず実践へも道を広げるであろう。自分にとり固有な名前は名木田薫というものだけである。京大卒といえば京大というイメージがついてくる。だが自分

には京大の権威主義とは合わなかった。如何なるイメージも求道者の自分には合わぬのかもしれない。

　牧師になり世俗世界から聖なる領域に身を置くことが霊的世界への飛翔には必要ではないかという点を考えたが、それはむしろ逆である。可視界が当人の心から消えていれば、聖と俗という如き区別すら消えていよう。聖なる領域など当人にとっては存していない。飛翔によっていわゆる聖界へ移る必要という議論は成立しない。多くの人にとりそういう飛翔は難しいので聖界を作ってそこへ身を置くことで代用しようと試みているとさえ考えられる。立場がものをいわせる状況に身を置くだけのことである。自分の心に啓示が与えられるには可視的世界が消えることを要す。微塵も残っていてはならない。そうなれば必ず啓示は与えられよう。少しはこういう次元へ至りうるのだと感じる。

　やはり自己が如何に無我になりきれているかの試金石として学校でのどんな仕事でも快く受容できるかがある。オーケーならなりきれている。だから今後は何でも受容できることが目標になろう。しかもそうなった心境を言葉につづるのが自分本来の職務となろう。如何にしてそういう自己のあり方が成立しているかを言葉化することである。学校当局から会議があるという電話があったときにはこれはイエスからの呼び声と少しは感じうるようになった。もっと修行せよとの主の呼び声である。さらにより積極的に自分のほうから受容していく態度が生まれるを要す。そこまで達したとき、真に信仰の完成を見たといえる。これが今後の目標であり新年の年頭所感である。再臨、終末は無期延期された以上、積極的に何でも受容する場へ達したらそれ以上はない。またそうなっていることはとりもなおさず即伝道になっている。同時に書物に書いておくから。やはり新たな課題を自分へ向けてそれを克服していくように自分を仕向けていかねば自分自身の境涯の前進はない。自分を虐めることが修行でもある。日々死を実践するとは自己の可能圏に留まらず新たなものを来たらせることのうちに初めて存しうる。そういう過程の中で自己自身の死への恐れも消えていくであろう。

　要は世の光でありつつそれが如何にして成立しているかを言葉化するのが仕事である。あまりにも世の光であることばかりに集中すると、それが如何にして成立しているかの反省、言葉化が疎かになる。また反対の場合は反対の結果になる。というよりこの場合は自分が世の光でありえてないのだから、その成立を反

省しようにもできはしない。だから双方を調和させつつの信仰の言葉化が仕事となる。世の光という場合、キリスト教的世界の中にいるほど自己同一的世界、これは実際は世俗化された世界でもあるが、の中にあるのでその分世の光たりえてなくはないのか。"世"とはキリスト教外のことであろう。そうあって初めて光というものも光として現れよう。キリスト教"的"世界は光を受け入れはしない。むしろ世は光を受け入れるのか。光と世とが相対応しているのか。キリスト教的世界とは光でも世でもないものなのか。

　たとえ転職できても興味本位連と一緒になって屁理屈をこねて一生終わる気にはなれない。一方、ここにいるままでは遠からず実践抜きの研究に限界を感じよう。転職すれば時間的に自由もあろう。また自分のような信じ方へ理解を示す人もいるかも。そういう人、核になる如き人が周りにいないと集まりはできない。ここではいつまで経ってもそうであろう。転職も結局核になりうる人を見いだしそこから実践へ出て行くためであろう。すると既に10年以上追われていた場への舞い戻りも何ら良心的に引っかかりはない。そこにいること自体に今更何の価値も置きはせぬのだから。孤独といわゆる実践とは実は一つのことではないのか。あるいは真の孤独が真の実践を生み出すのか。真の孤独は真の信仰と一つである。そうであれば孤独であって初めて実践もできる。孤独で孤立しているほうが実は自分が神の命を受けている者だという気持ちを持ちやすくはないか。神へ近づくほど仲間は減っていくのだから。そこからこそ信仰の何たるかを教会の内外をとわず人々にアピールするのが使命ではないのか。

　興味本位で研究してきたのではないという事実が40年の後教会復帰という形で顕になる。もし興味本位なら一度教会から離れたり、40年後に復帰したりという事態にはなるまい。ずっと同じ形で教会へ所属したままであったであろう。だが現実には自分が既に70歳であることを考えてみなくてはいけない。教会復帰なら漫然と教会へいってみても意味はない。正規の会員になってバリバリやらねばならない。そうすると「日本」の研究はできまい。両方はできない。やはりすると今まで通り研究に専念して本として書き全国へ送るがよくはないか。送ること自体が自分のやり方による教会復帰的活動であろう。内の内ではないが内の外での活動であろう。教会活動も研究も共に中途半端というのが最悪である。すると研究集中によって教会へ奉仕する方法しか道はない。ただ今まで以上に自分

はそういう仕方で教会へ参加、奉仕していることを自覚しつつやっていくこととなる。そういう自覚によって仕事へ一段と気合が乗ってこよう。今までにも幾度か教会復帰は考えたが、その都度今回のようにやはり自分にはこれしか道はないとして研究への道へ舞い戻ってきたという経緯がある。「日本」の研究へ入るとは還相を意味する。教会へだとすればそれは同時に日本での教会へ復帰すべきであろう。研究と平行して。要は一般的にいって「出る」方向から「入る」方向への転換ではあるまいか。結果、自分の考えもそこにいる人々の心へと入っていきはせぬか。孤立したままではそのままで終わってしまいはせぬか。また「入る」ことは攻めの姿勢を意味する。反対に「出る」、離れることは守勢にあるを意味する。大学院の頃からいわば地の中にもぐることが始まり、ここに来てようやくそれが終わろうとしている。やはり信じることを考え抜かぬ限り、「中」にいても本物には至り得ぬのでそういういわば潜るという形になったのであろう。これでようやく自分の行くべき道が見えてきたのではあるまいか。自分の周りから反信仰的要素を切り離そうとするのなら"世"から出て行くしかない。また自己の存在全体が世へ入っていって自分の考えもまた"世"の中へ入っていきえよう。存在と考えとを別個のものとして考えることはできない。院の頃から実に40年間地下に潜った。その後にやっと浮上しえた。そういう局面が訪れた。おそらく晴れ晴れとした心境で教会復帰できよう。心の中のモヤモヤしたものを一切なくして。広い世界が自分の前に開かれている感じがする。日本中の図書館へ著書を贈っており、多くの人が関心を持ってくれるかもしれない。ただ特定教会の教会員という形ではないかもしれない。そういう仕方は良心的に種々の問題を孕むから。

（六）大学にいたからとて直ちにそれが世俗化、職業化しているとはいえまい。そこにいることが当人に職業化でなければそれでよい。10年以上ドサ回りを続けていればそうである。その後たとえ転職してももはやそこでよい仕事ができはせぬと感じていれば、まさにそこが自己にとって世俗化ではないことを示す。心をそこへ置き得ない。そこへ心を置けなくするためにあえて非常勤体制を選ぶ道もありはせぬか。大学を自己の心から追い出す。たとえその後自己がそこにいることがあってもそこが自己の場とならぬように。こういう状況の後に牧師というのはかえってそこを自己の場にしようとすること。一度いわば放逐されたところ

へ舞い戻っても仕方あるまい。やはり当人には妙好人の如き道しかあるまい。自己の心から大学という寄生虫が出て行った。虫退治である。当人の心が大学へは閉じてしまった。だがこれは大学全体へではなく特定の大学へである。転職の後にそういうところとは縁を断てば、大学にいてしかも大学にはもはやいないという二律背反を同時達成できはせぬか。決して大学全体を拒否することではない。死んだイエスを神が復活させたが、当人もいわば死んだ状況にある。復活さすか否かは神の決めること。その時までは待つしかない。黄泉の国の中で死んだ状況にある。当人の苦しみはキリストの十字架のそれ、パウロの主の苦しみの足りぬところを補うそれと同質的であろう。もとよりその客観的意義は別としてだが。「死に至るまで……従順でした。」（フィリピ2,8）という如く本当に当人は死に至るまで従順でありつつ信仰がいかなることかを表す仕事をやらねばならない。転職なしの辞職はそういう従順とは異なろう。死に至る病ではないが、死に至る従順は現在既に死に体にあって初めて可能である。

　たとえ社会活動をしても自己の問題として考え抜くことが不可欠である。それなしでは神からサインは頂けまい。自己の存在が信仰によってとらえられていないから。そのことがすべての前提条件である。疎外の原因の学会の体質へ挑戦せねばそれでお仕舞となってしまう。自己から反転攻勢に出なくてはならぬ。ある時を期して蓄えてきた力を一気に噴出させる。現時点ではまだ力充填の時期であろう。やがてその時が来よう。冬が終わればまもなく春が来る如くに。現に来ているよりもかえってそれをまじかに見ているほうが楽しくはないか。やがて来る確実な春が見えているから。期待感は最高に高まる。来てしまう直前が期待感も最高になる。いよいよ高まりその時が来て一気に爆発する。今後社会活動するのならそれはそれ自体のためであって、転職ごときのためではない。そうであってはならぬ。自己の信仰をさらに前進させ、同時にそれが信仰を世へアッピールすることにもなるから。現在いる場を新たな福音の震源地にするぐらいの心構えで出陣せねばならぬ。パウロにしても少しも状況は改善しなかった。むしろ悪い状況の中にいることこそイエスの弟子たる証ではないか。前者がなくなったらそうでなくなる。一昔前の「でもしか先生」ではないが、「でもしか研究者」とでもいうべきか。自己の社会活動の中心がそういう人々の集まる学会にあるとは考えられぬ。やはり一般の人々を相手にするのが本筋である。連続講演会というのも

あろう。学会などは社会活動のほんの何分の一の比重しかあるまい。イエスも律法学者、パリサイ人に話しかけはしなかった。パウロもそうである。紀元前後はマス・メディアはないというが宗教的体制は今以上に強固だった。パリサイ、サドカイ、律法学者など皆しかり。イエスは彼らへ挑戦する結果になった。さもなくば神の意思がそうであれば、十字架につけられなかったのではあるまいか。ゼロから信仰を問うのなら権威主義への挑戦となろう。たとえ無視されようとも。そうして初めて信仰が伝えられる。それをせねば信仰は当人止まりとなろう。宗教改革は既成の体制への挑戦であるほかない。仏教でもそうであろう。親鸞も越後へ流されている。キリスト教はなおさらそうであろう。挑戦しない、それは新しいものだけに誰にも伝えられることなく消え何もなかったこととなろう。当人が味わった苦労も水の泡となる。かくて当人がどれだけ屈辱に耐え挑戦しているかでどれだけ伝わるかが決まろう。しかも挑戦は一般人対象に人を集めるという権威への間接的挑戦というやり方ではなく、学会などへ出て権威集団に対して直接挑戦してその牙城を崩すやり方がより効果的ではないか。ただそういう興味本位連の後塵を拝することはできないとの心情が働く。やはり当人はそういう世界からは捨てられているのだから。今後は今以上の地獄へ踏み込み実践しうる人としての復活以外ない。現状では生殺しになっているのみである。もっとしごかれることを要す。もっともこういう生殺しが最高の地獄ともいえる。当人がそこから逃れようとしている限り。権威におもねて好待遇を得た輩相手に福音を説くなど正気といえようか。

　種々考えたが、孤独に耐え深く思索し信仰を言葉化していく以外道はない。大衆社会では孤独な仕事はメディアに乗らぬのでいつまでも日陰者であろう。現状にあって我慢、我慢、と百万遍我慢することである。どうしてもそうできぬときはそれだけのことである。今後とも現状にあっても急ぐことも慌てることもない。そこまでいけたのならそれ以上何も考えることはない。細かい点は今後も考えようが基本的にはそうである。彼らの本を沢山読み何かできると思わぬこと。途方もない間違いである。学者集団の興味本位はそこに限定されない。人の世界は当然のことながら信仰を求むようにはできていない。学会へ出て行くのが嫌ならどこへいってもやるところはない。本来そうでない、非信仰的なところでこそ信仰を説くのが筋である。どこにも信仰が素直に受容されるところはない。そう

いう前提で考えると、深く考えるやり方の場合、考えた結果が受容される可能性のある場を掘り起こすには研究界ぐらいではないのか。現状にいても仕方ないとの気持ちがあるが、そういう世界へ出て行けば辞めてもやれるという感じも、つかめはせぬのか。少なくともそういう可能性がありはせぬか。ただ学会員は多くどこかの教会へ属していよう。そういう人々へ当人の信じ方をアッピールして通じうるのか。当方のやり方次第という面もあろうが。多くは受け入れられまい。

　現代の複雑多岐になった文化に応じ宗教界自体そうなっている。そこでかつての如く出家か在家かという単純区別で処理できなくなった。研究していればどちらかは単純に区別、決定され得まい。灰色の領域とでもいうべきものがあろう。双方の区別は天国が心の中にある如く心の中での区別というべきか。宗教的組織もできるとすぐに体制化、世俗化する。かくて信仰とは本当は個人の心の中にしか存しえぬのか。つまり何らかの組織の中の人間として機能している限りでの人の中には宿らぬものなのか。教団の中で機能する限りでの牧師という人間の心の中には真の信仰は宿りえぬのではないか。組織たる教団は既に世俗化しているからである。かくして一切の体制、組織、教団との心のつながりの切れた人間の心の中にしか信仰は宿らない。預言者にしても周囲の人々との関係は切れている。そこで個人としての人の心に宿る。一切の体制から離れた個人の心の中である。こういう個人は実践界にも研究界にもいよう。いずれの世界でも疎外された人間がそういう者であろう。このように現状が見えてくると、当人の行くべき道も自ずから開けよう。心の中も安らごう。

　しかもこういうさらし者とは二重である。第一の自我崩壊までにそういう社会から疎外されてである。第二とは過程の果て以後再度そういう場へ出て再びさらし者にされているから。だが当人がさらし者の経験を欠くとこういう自己理解には手が届くまい。雄雄しくさらし者になろうではないか。それ以外生きる道はないのだから。パウロは「わたしたちの使徒を、……最後に引き出される者をなさいました。」（第一コリント 4, 9）という。真のキリスト者は時代にかかわらずそういう定めにあることを認識せねばならない。信仰者の血が流れて信仰が前進するというが深い真理である。確かに学会でとなると、「生きているのは、もはやわたしではありません。キリストがわたしの内に生きておられるのです。」（ガラテヤ 2, 20）というほどの気持ちを要す。だが彼のそういう告白はもっと積極

的に十字架を負うところからであろう。だがそれに比し当人の場合、世からの拒否への抵抗を打ち消すためという消極的な要因が介在する。こういう要素は消えねばならない。もっともこれの消滅と先のパウロ的告白の生まれることとは同一物の表裏とも考えうる。いずれにしろ行動を起こさねばならない時期である。全方位展開という原則の点からも。現在での自己の本来したいことができるためという職務実行の点からも。過程の果てという次元の明確化のためにも。興味本位の学者ばかり相手にしたくなければ研究会を作るのもよいかもしれない。ただ学会でも学者ばかりではない。牧師の人もいる。また心ひそかに信仰の何たるかを真剣に問うている人も。だが少ないという点では実践にしろ真に信仰が分かる人は少なかろう。純粋に信仰的観点から集会に来る人も少ないであろう。多くの人にこのようになるようにと伝道するのではなく、こんな人が今どきいたのかと感じ、知ることで人々の心が清められればそれでよいのではあるまいか。ただ学会などへ出て行ってということは出身校内でというより広い世界へのアッピールの効用もあろう。悪くいえば豚に真珠（マタイ7, 6）ではないか。だが自己自身に留まっていてはこれ以上のものはもはや出てこない。同時に考えていこうというパトスも消える。そうでないと当人自身のこととして考え抜いているとはいえぬ。通常ならここで実践の段取りだが、その実践とは当人には学会へ出て行くことではないか。そういう形で他の人々と接する中で種々考えていくテーマが生まれてくる。そのための発表といえる。たとえ考えていくにしろ、テーマを自己内から見いだし、緊急、かつ不可欠でもない、考えなくても済ましうることを考えていくこととなる。なぜなら今自己としては考えなくても自己の信仰自体は成立しているのだから。自己にとり一点の曇りもないところまで考えたら、後は他の人々と接しない限りぜひ考えねばならぬ緊急のテーマはなくなる。

　かくてここがいわば出撃元年となろう。これは人を救うことへのそれである。学会へ出て行き自己をさらし者にして福音の何たるかが顕になればそれでよい。疎外状況の中で自己の仕事が評価されれば関係者へもそれは及ぶ。これはいささか皮肉である。だがそういうことは忘れて仕事自体へ没頭すること。相手がサタンの手先と認識せざるを得ぬ場合以外ありとあらゆることへ許容的であることを要す。単に非求道的でないことへのみでなく、一時的に金権主義的であっても人には良心がある。ここへ重ねて訴えねばならない。そうして当人の心を変え

させねばならない。根っからの悪人は少なかろうから。信仰を拒否しても拒否しても重ねて訴えること。こういう場合良心は自己自身が信じようとするそれではなくて、他の人々へ伝えようとするそれである。良心の内容自体がそれなりに変わってくる。孤独と孤高とを別個と考えて、個々の場合に応じて、ここではそこから孤独、ここではさらに許容と態度決定せねばならぬ。しかも福音尊重の観点から。自己と福音は一つなので自己尊重と福音尊重とは一であるから。かくて福音尊重は自己尊重を同時に意味するから。だがこの尊重とは他に許容的であることを排除はしない。許容的であることで自己、福音を共に尊重している。逆に自己が侮辱されることは福音侮辱を意味するので、自己への侮辱はあくまで拒否せねばならない。自己への侮辱を拒むことと許容的たることとの調和はきわめて微妙で難しい問題である。福音自体のためにどういう態度を採るのがよいかという観点から考えねばならない。福音尊重、伝達のために自己への侮辱をあえて忍ぶ場合もあろう。毒にも薬にもならぬ平凡学者では終わらぬとの決意があってこそ強くなれる。いわゆる実践活動もせねばならぬ。その時がいずれ来よう。現在では当人にはすべてが失われたも同然である。今後大学への転職可能性のないことが明確になっても、もはや失うものは何もない。当人の気持ちが既にある信仰をさらに強める作用をするだけであろう。だがたとえ無駄でも転職の努力はすべきである。世が神の支配下にある以上、迎合族の支配下にあってよいはずはないから。当人としても世にあって相応のものを要求すべきである。もうこれ以上ここには居れぬと続く苦しみこそ実はキリストの十字架の苦しみと連帯的である。主も世に生きえぬ苦しみを体験された。こういう苦しみの彼方にこそ永遠の生命が生きている。

　いずれにしろ独創的に考えようというのに体制内でと思うこと自体がそもそも間違いである。たとえ転職できてももはやそこが当人にとって安住の地ではなかろう。もしそうするのなら最初から権威主義へおもねれば大学に居れたであろう。教会へ通う中から当人独自の道を求めるほかなかろう。こういうのも失礼だがあんな人がというような人々が権威主義におもねて先をいく。後塵を受けつつスタートせねばならぬ。本当にこういう世界から出て行きたくなる。だがそれぐらいのけ者になるぐらいにやる必要があったのだから仕方ないが。いくら分かっていても考え込んでしまう。そこを乗り越えて初めて、一度血を流してこそ再び

信仰の駒を進めうる。頭では分かっても体がついていかぬところがある。「『内なる人』としては神の律法を喜んでいますが、わたしの五体にはもう一つの法則があって心の法則と戦い、……とりこにしている」（ローマ7, 22）というパウロの考えに当たるのかもしれない。彼もそこをあえて超えている。このハードルを是非超えねばならない。転職のあり方次第では大学社会へ舞い戻っていたかもしれない。だが現実にはそういうことはできず第二の自我崩壊の必要が分かってきた。いわば知識の弄びという点からは好都合なところは当人の信仰の前進という観点からは好ましくなくて、不都合な所への落ち着きが不可欠であった。現実の人生が修行の場だというが、その通りだった。要は大学の体質と求道的姿勢とが合わぬことが根本にある。

かくて最後はやはり牧師であろうか。学校関係にいて奨学金も返還免除になった頃が転機になろうか。それまでに出版すべきものはそうして身軽になっておくことである。もしそうなら転職はしないがよい。国公立、私立間を行き来すると年金で不利となる。大学へ転職せぬと牧師への道はないと思っていたが、そうでもないか。牧師がどういう人かで教会の性格も変わってくる。教団から教会ごと出て行った教会もある。その教会がそこの牧師を養っているという制度なので他からの圧力をあまり受けないのかもしれない。教会の信者としてはそこの牧師を主流な人と思いたく、案外個々の教会の独立性が強いのかもしれない。また現在の職が何であれ、按手礼は儀式を行う個人からではなく当人は神の代行者としてである。かくて誰からであってもその点は問題外である。こういう儀式に関する問題は昔からあった。組織を排除してしまわぬ以上やむを得ぬ。イエスもヨハネから洗礼を受けている。牧師は食えても食えなくても一国一城の主であるとある牧師がいっていたのを思い出す。牧師個人としては教団へ批判的なこともいう人もいる。だが大学名誉教授を呼んできて話を聞いたりもしている。こういうこともしなくてはいけまい。大学では要領の良し悪しで実力は2倍、3倍にもなるし、半分、3分の1以下にもなる。権威主義への迎合連こそ大学へ巣喰ったダニの如きであろう。数ではダニが圧倒的に多い。そうでないことこそあるべき研究者の姿である。過去の人の研究に留まっていては無意味というが、留まる点に問題がある。他人の考えの中に入り研究するのでは、自己の思索の追求ではない。ゼロからの思索でなくてはならぬ。こういうこととも関連するが、研究室名での特定

個人の著作の刊行は当人の立場、性格とは異なったものの排除を結果しよう。異質のものの疎外を結果する。そこで研究室全構成員の著作集を研究室名で出版せねばならなくなる。要は世において本質的に世に属さぬ仕事をするための税金と思えばよい。それ以外にも屈辱を受けたり、その他他人の理解を受けえぬことが種々あろう。研究者たることが信仰の前進を制約するかもしれぬという問題解決には、前提として一定期間は十分研究しうる状態にあることが先決である。そうでないと研究不十分のため研究者たることの限界の認識への到達もその分遅くなろう。だから現在は少しでも早く十分研究しうる状況になることが最重要事項である。結局最後は実践一本になるまでやらねばと思うが、そうであれば大学転職にそれほどこだわらなくてもとも感じる。

第4章

全方位展開

　全方位展開だが今後は実践のほうが中心になるほかない。第一に書物が十分ないので研究しようにもできない。第二に実践あってこそ個人の救いに留まっている以上のものが生まれよう。耐え難きを耐え学会などへ出て行くことは学会活動自体というより自己の信仰の前進という点で大きい価値があろう。そういう事情を現実に実行してこそ自己がキリストのものとの自覚はさらに強まろう。それはまた大学内での研究会活動へも跳ね返ってこよう。研究社会へ出て行っていっそう深まったキリストとの一体性から実践的方面での活動が生まれる可能性が見いだされる。だが現状ではまだそこまでは至ってはいない。学会活動も大学内での研究会もすべてそこまで行くためのものである。真に信仰自体と自己の全存在とが一であれば東京や関西への単身赴任もよくはないか。抵抗はあるまい。もっとも一であれば他所へ行かず現在の地で信仰と一である活動をできよう。かくて他所へ出て行くことを考えること自体が信仰、自己の一体性のためにとなろう。そこへ達していれば既に研究的なことも含む実践、行いを実行に移しており、あえて他所へ出て行くことはない。また必ずしもそういう気持ちは生じはすまい。

　このように考えてみると、第二の自我崩壊も決してそこが終着点ではない。より真の信仰へ向けての出発点でしかない。もっともたとえそうでもそこは是非通らねばならぬ関門であることも確かである。そこを通ることなく追い出されたところへ舞い戻ることはできぬから。学会へ出て行きどんなに叩かれてもそんなことはどうでもよい。それよりそういう場に自己をおいて自己の信仰が前進することが大切である。出て行ってこそ信仰と存在との一体に至りうるとの予感がある。ほぼ10年貝の如く口を閉ざしてきたのに、ここで再び口を開く。学会のみでなく教室会でも何もいったことはない。教室会で笑いものにされて以来、いう

72　第1部　世にありて

気にもならなかった。大きな変化である。内心での大きな変化なしには外での変化も生じまい。やはり対人的、対社会的に語る場へ出て行くことなしに真に自己が信じる信仰と一体の存在であるとの認識は生まれまい。社会へ出てこそ自己が社会とは別物という認識へ追いやられる。それなしに自己が神信仰によって生きる者との自覚は続くまい。社会へ出て行って初めて一体という認識が生まれる。第一の自我崩壊でもそうだったが、予感が生じるといずれそのように実現する。かくて学会へ出て行くことを渋るのではなく早く出て行ってドンドンやりたくなってくる。研究会を作ることも。そうして自己が一体との認識へ至る。内心、内面において引っかかるものはないのだから。再臨という点は不可思議という印象はあるが、これは一体以後も存続するであろうから。少し以前には不可思議さを一体後も感じるとは思わず消えると思っていた。もとより一体後も残る部分もあろうが、当時そう感じていた大部分のものは少なくとも消えねばならぬであろう。再臨は不可思議でありつつそうでなくなっている。前者の面は人が自然の人として自然的知性の場に立って考えているから。後者は人が超自然の人として真の意味でのグノーシス、奥義の場に立っているからただ単に不可思議ではない。

　人は自然人として信仰しており、自然人であると同時に超自然人である。だがパウロのように真に終末を信じることとなると、不可思議でありつつそうでなくなっているといえようが、後者の面が強いであろう。さもないとあれだけの活動は出てこぬであろう。つまり不可思議が彼個人には既に自然になっている。しかも一般人にとっての自然という次元は彼にはもはや消えている。信仰への疑いの消えるところまできたらあとは行いを実行して、それなしにはその行いをなしえぬ行いの元となっているものを揺ぎないものにせねばならない。さもないといつまでも気持ちの揺れが残ったままとなる。信じるだけ持つというが、行いなしにはそうはなりえぬ。かくて正確には行うだけ持つというべきである。積極的にはもはや疑いなしとなれば後はもう信仰の中へ飛びこむ要がある。さもないと郷に入れば郷に従えとはならぬ。信仰の郷に入っているにかかわらずいつまでも他の郷の風俗によって生きているごときである。いつまでもそうでは不和なものが抜けぬのは当然である。心身とも信仰の郷にふさわしくならねばならない。世俗界に例えれば日本人のことを分かりたければ自己自身が日本語を話し、日本食を食べることが少なくとも必要なことと平行する。このように自己、信仰の一体につ

いて日本人のことを例に挙げうること自体が自己にとって信仰が既に超自然的なものではなく、日本人ということ同様に自然的なこととなっていることを示す。もちろん単なる自然を超えた新しい意味での自然である。何事でもそうだが、宗教では特に誰かが捨石にならねば宗教的心理の前進はない。ナルシストとの批判もあるかもしれぬが、当人にはそれぐらいの気持ちがあってよい。陶酔があってこそそうもなりうる。

　学会発表は当人が今後考えていくテーマの発見のため必要ではないか。たとえ相手が興味本位連でもよくはないか。彼らがかえってよいテーマを提供するかもしれぬ。やはり地獄に耐えて信仰を書き続ける以外ない。疎外は確かに冷や飯食ってくすぶることである。そのくすぶりあってこそ書に著わす考えに至った。いわゆる学術書を書くとの観点からは無駄と思えるくすぶりこそ生きた信仰書を書くことに益している。くすぶりのない状況になるほど上澄み液の掬い取りになる。信仰を問う姿勢さえあればくすぶりはむしろよいことである。あれこれと考えたい気持ちがある限り大学のようなところにいるほかない。そういう気のある限り心置きなく実践はできぬから。だがそうだと一生実践は出来ぬかもしれない。その場合は次世代にやってもらうしかない。当人の書を読みなるほど信仰とはこういうことかと納得しそれに基づいて実践する人が出るのを待つ以外ない。こういう点からは当人は本当に半人前である。一人前ではない。『半人前のキリスト者』と題した自伝でも書くのもよいかも。『半半人前のキリスト者』がさらによいかもしれない。深く考える面でも完全な仕事ができたとはいい難いから。ほんの糸口をつかんだところで終わっているのかもしれない。こういう題はかえって実践しようという気を人に起こさせるのでちょうど好都合かも。だが大学の中にいることは孤独を意味しない。教会の中にいるのと同じである。イエス自身宗教的人間たちのために最も貢献したのだが、その当のイエスをそういう人間が十字架につけたのだった。そういうことになってしまう。当人の場合もまさにそういうことではないのか。イエスもそういうこととなりつつも、なおかつそんなことをしている人々の中へ出て行って宣べ伝えたのだった。信仰探求の人は皆見習うべきである。学会あたりへ出て行ってやらねば疎外されただけで終わってしまう。そのことが意味を持つためにも是非そうすべきである。学会にいるのみでは当人が神と人との間に立つ人間だとの自覚はいつまでも生じ得まい。存在自

体がそうなっていないから。つまりそういう人間の考えも全体として仲保という性格を持たぬ。その程度のレベルのものである。当人が宗教の究極の場に立つ思索でありたいと思うのなら学会へ出るのみでは不十分である。是非神と人との間に立つ存在であることを要す。それには広い意味での実践の場に出るを要す。学校内に研究会を作るのもよい。これは個人としての救いを求めて武田薬品工業株式会社を辞職したことと対比しうる。実践と研究双方行うとはいえただそうしているのみではいけない。双方がバラバラということもあろうから。悪い意味で神学的になっていくこととアーメン、アーメンといっていること ― これら両極端へ二極分解する傾向をそのままで双方行っても意味はない。これではどちらをもしていないと同然である。また一方のみであればそれもまたその一方さえしていないことではないか。あくまで実践の場の中から研究のテーマが浮上してくるのだから。そういう仕方での双方結合が理想的である。こういう研究によって初めて血の通った研究ができてくる。

これに引き換え例えばルターでの何々という如きは実践からは浮き上がった研究であり、研究のための研究となる。これはむしろ積極的に排除せねばならぬ。遊戯としての研究は排除すべきである。実践と研究とは一つの事柄の両側面として実施されねばならぬ。二つの事柄であってはならぬ。本来一つのことであったのだから。学会などへ出て行ってやれば現実に無我になっていこう。そういう場に立つには無我を要するから。そういう状況へ自己をあえておくのである。禅寺などへ修行に行くなど余分のことをすることはない。学会などの世へ出て行くことが当人へ否が応でも無我たるを要求するから。そこから実際にそうなっていく。もっともこういう考えの実行にはこういう事情への理解が必要である。今更などと考えるのは、先を考えたり他人の場合と比較したり種々考えるからである。今のこのときに集中すればそういうことは生じない。たとえどれほどわずかなことしかできずとも、この一事を続行すると思わねばならぬ。それしかない。現時点からはたとえ一生かかってもただの一歩しか進めずともこの道しかない。こう考えると気も楽になる。たとえ何もできずともそれでもよい。今やっとスタートラインについたのだが、それだけで終わってもそれが当人の宿命ならそれでもよい。前後際断できた。キリストの奴隷へと生まれ変わった。

研究という当人にとっての最重要事項が風前の灯となっていく中で、さらに

続行不能となる中で、どうしてもそれを止め得ないことが明確となるときに自己反省、研究が当人の召命であることがはっきりする。その点現状はいくらかまだ余裕がある。なくなった状況で当人にとっての本質的なことが顕になる。車のハンドルのように遊びのある間は考えることが当人の召命だという確信には至るまい。不可能になりつつもなおかつ止めえぬという状況にあっては考えることはいわば一度奪われているわけである。だからそういう状況でしかも止められぬのはそれが実は当人から発したものではなく、神から賜ったものたるを示す。それがそういうものとして顕になる。本来神から与えられたものであった。神がいわばそのように予定したものである。神は奪うことによって本来与えていたものが顕になるように取り計らう。たとえ本来与えられたものであっても、それがそういうものであることに当人は自分で自発的、自主的に気付き得ない。他の事柄はもとより、その考えるという神が本来与えたものさえも、それが人から発したものとして当人によって受け取られている限り、それをさえも奪うことをせぬ限りそれが神から由来していることはその当人にさえも分からない。当人が神の与えたものであると気付くことを神は要求する。

　現時点においても既に考えることが当人の召命という感じがしてきた。大学教員でありつつ牧師をもという場合は隠れた実践という性格を欠く。教員であるということ自体のうちにそういう性格がないことを意味する。研究も実践も共に体制へ調子を合わせているのであろう。知識の詰め込みとなると暇がいるが、当人自身から出てくる思索になると暇はいらぬ。無関係の仕事をしていてもテレビを見ていても歩いていてもとめどなく流れ出てくる。それがないのは当人自身の存在がそういうものになっていないからである。ドイツ語を教えていても電車に乗って通勤していてもそんなことは何ら問題ではない。大学教員であると同時に牧師というのは二股掛けていると感じるのはそう感じる人自身がそう感じるのであり、その人の心の中に二股的なところがあることを意味する。そこまで行き真に救済史のインストルメントになれている人にはそれを二股とは感じまい。たまたまその時の状況に応じてそうなっているに過ぎまい。だが反面研究に第一義的意味をおくことは当人にはできぬ場合もあろう。そんなことをしては当人の人生の失敗が明確となろうから。当人の仕事を進める上での一方便、しかも不可欠な方便ということに過ぎぬ。だがその不可欠とはある特定の大学にいることが不可

欠との意ではない。もし不可欠でないのなら今更「大学へ」ということを考えはせぬ。一度追われた世界へ再度とは考えまい。三、四流大学であろうが、一、二流であろうともはや差はない。問題は両方やるか否かではなく、どの道を行くかである。一旦そこまで来たのなら後はもうそういう自己を捨てぬ限り進展はない。つまりそれ以上の世界は当人には閉ざされたままである。その閉ざされた扉を開くには学生相手にでも会をやらねばなるまい。授業の担当駒数がどうなるかなどとは無関係のことである。一旦そこまでいってから後の肉との戦いは福音と縁の無かった他の人々のために、そこまで行き着いた自己を捨てていくという過程の中で行われる。かくてそういう過程の中に自己をおかなくては肉との戦いという事態は欠けよう。こういう点から学生のための会は不可欠であろう。

　これに対して学者相手の会はどっちでもよい。前者の会をやれば後者での発言へも反映されよう。ただ学会へ出てとはいえ転職を心に抱いてではいけない。そういう邪心はあってはならぬ。信仰のうえに立つものは何もないのだから。たとえ来ないかと誘われてもこちらから断るぐらいの気構えを要す。それぐらいの気持ちがないと人々に向かって信仰をとくなどとてもおぼつかない。要は現在地で生涯を果てることと学会へ出て行くこととは一つなのである。転職への気があると、当人の言動がビビッたものとなり自由の気概を失う。さらにそこでは信仰の何たるかが誤解もされよう。学会などは飲んでかかるぐらいでなくてはいけない。学会へ出て行けばそこでの議論が心を占め、その分現職での些細なことが心を悩ますことも少なくなろう。ただ学会へ出て行くことは当人もそういう理屈好きの人間であることを示す。かくてそういうことをするのはよいがそれが中心では困る。人間存在全体として信じきったら学者の集まりの中に自己限定して活動することは不可能である。存在全体がそうなっていると、頭で考えるだけという特定の領域にそういう自己存在を限定はできない。全体を一部へと押し込めることはできない。頭だけを働かすのではない。この体を働かすとしたらどうなるのか。学会という場で体をどう生かしうるのか。福音を生き、語る存在に100％なる道は学会で生きることなどではなかろう。学会構成の興味本位連は当人の志す仕事をやる意図を排斥する要因を心の中に常に有している。にもかかわらずそこへ出て行って真理を語るのは場違いもはなはだしい一面もあろう。

　そういう興味本位なことを考えずとも当人はそこまでいけているし、しかもそ

の救われ方の中に仏教的要素が入っていてもどうということはない。入っていようがなかろうが、それは当人の救いにも他の人の救いにも無関係の問題である。かくてこういう挫折は本質的なことの挫折ではなくて、非本質的なことのそれである。しかも人はこういう挫折を通して本質的な次元へ目を開かれよう、こういう考えは結局研究のテーマはあくまで実践の中から出てくるべきだという考え方へと連なる。しかもこの「実践の中から」だが、あくまで当人が行っている実践の中からとの意であらねばならぬ。他人の行っている実践から間接的に話を聞いてこういう問題があるらしいので、その研究をするというのではない。それでは実践自体が既に観念的なものに堕している。

　宗教の本質はやはり魂の救いにある以上実践の中にあるといわざるを得ない。当人自身の行っている実践の中から出てくる問題についての研究はそれを行えばその実践の中にいる誰かの救いに役立つといえる。実践せずの人の行う研究はそれにより誰も救われるのではない。具体的な誰かがそうでありはせぬ。具体的な誰かという目標のない誰かの役に立つとは体裁のよい言い逃れに過ぎまい。現実から宗教が遊離している。具体的な当てのない人の救いのためなどとは馬鹿げた話である。その時代にその宗教がいかに生きるかという問題は研究というものもこういう性格でなくてはならぬことを意味する。宗教が生きているとは具体的に個々の人の救いへと向けられているとの意である。大学で生活保障された上で実践してみても食えぬかもしれぬという危険を冒しておらず当人がインストルメントだとの実感をそれだけ余分に感じることもできまい。

　だから考えたいとの気がある限りそれ一筋に大学で研究すべきだ。それが終わったら今度は実践一本でやるべきである。研究というとき聖書の研究でも過去へ向けての研究になってはならない。現代における信仰にとって有意義な現在に生きる研究でなくてはならぬ。現在へ、未来へ向けての研究でなくてはならぬ。現代においてのように研究という世界がいわば独立して一人歩きの状況になってくると、過去へ向けての研究も随分ありはせぬかと思う。そういう研究を全部除いてしまったときには研究と実践の双方やることはさほど困難なことではないのではあるまいか。現代に生きる信仰という点ではやはり当人が実践をやらねば真に迫ってそういう事柄を感じえぬこととなろう。実践によって研究がチェックされるべきである。少なくとも現代に生きる信仰、実践にとって重要でないことは

宗教学において第一義的に重要ではないであろう。そしてそういうことに憂き身をやつすのもおかしなことである。こういう問題は宗教学は盛んだが信仰は衰えていくことと関連している。もっと実践に直結した研究をせねばならぬことはないのか。もっとも実践に直結とはいえ何も教会学とか典礼学とかをやるべきだというのではない。思想的、哲学的なことも入っているが、そういうことが実践に直接無関係であってはいけないとの意である。例えば何かのために信仰できぬという人がいればそのことを考えるという意味である。そのことのために信じられないという人がいるわけでもないのに何かの研究をするのは研究の一人歩きである。そういうことはそれが無意味というだけではなく、むしろ有害であろう。大学教授という肩書きに多くの人は騙されてそのことがいかにも大切であるかのような、それゆえ自分もそれに関心を持たねばならぬのではないかと感じさせるような錯覚を人々に与えるから。信仰の世界の中へ毒を流し込んでいる。しかもそういう研究されたことは彼らはそれを仕事にしているので素人が読んだのでは簡単には分からないことでもって益々多大な毒を流し込んでいる。先にいった第一義的に重要なことについては、当人自身として信じることを究めていないことなので責任あることをいえないのではないのか。評論的次元を超えてこうだと断言的にいうことはできまい。これに対して過去へ向けての研究では当人自身の信仰を極めていなくてもできる。というのもそこでは信仰自体がどういうものかという如きが必ずしも問われてはいないからである。むしろこういう研究は真に取り組むべき第一義的に重要なことを回避するための隠れ蓑である。主もまたいう、「重荷を負う者は、だれでもわたしのもとに来なさい。休ませてあげよう。」（マタイ 11, 28）、と。ここでは他人の重荷が同時に自分の重荷になっていることが分かる。パウロも肉を食ってはいけないと思っている人がいればその人の良心のために肉を食わぬという（第一コリント 8, 13）。

　このように他人の、生きている生身の人間の苦しみに自分が直接参与してそこで共に生きようとする姿勢が見られる。もっともあくまでキリスト信仰の立場からであるが。かくてそういう問題のために誰も苦しんでもいないのにそれについて研究しているとはいかにもキリスト信仰的ではない。信仰の成長の結果として幸福に恵まれるという考え方もあろうが、実際にそうなった場合には幸福に恵まれてもそれをそういうものとして受け取る心がもはやなくなっているであろう。

まず第一にそういうものは信仰の成長のために幾度となく犠牲になっており、もはやそういうところに自己の生命をおくことができなくなっている。第二にたとえそういうものに恵まれてもそういうものをそういうものとして受け取ることがなくなっていよう。つまりさらに信仰を成長させるためにそれを用いることしか考えないであろう。ゼロから積み上げてそこまでいけた場合には、そのことを学問研究という枠内に収めきれないものがそのことのうちにはあろう。そういう研究はそこまでいけてもいけなくてもそれは二次的なことである。そういう世界がそういう世界として独立して一人歩きしている状況では。二次的とはまったく無価値であるとの意でもある。しかも実際に各々のやり方でやっていると場合によっては双方、すなわち信仰の成長を念頭に置くやり方とそうでないやり方が対立する場面も出てこよう。生命の置き所が異なるのだから。研究などはまったく無意味ともいえる。仮に聖書がなくても自己自身が聖書に示されているような信仰の当体自体であるのだから。自己の信仰はある意味では聖書から独立しているともいえる。しかるに聖書についての研究は聖書に対していわば忠実であろうとすることかもしれない。かくて基本的には聖書に依存して信仰的であろうとすることが前提となっている。

　ところが信仰とはそういうものではない。一度自己の存在が信仰によって捕らえられればもはや聖書という目に見えるものに依存してはいない。パウロが肉に依存することはない（フィリピ3, 3）というが、もはや肉による聖書に依存はしない。霊による聖書に依存することはあろうが。だがこのことはもはや生きているキリスト以外のいかなるものにも依存しないことである。かくて実証された聖書と求道的自己の実存との二つが肝要なことである。他の人がどのように信じているかというようなことは基本的にはどうでもよいことである。信仰、不信仰にかかわらず実証されうる聖書が大切であるから。大学教員とはいわばこうしてみると二流以下となろう。彼ら自身にそのことを納得さすために有無を言わせぬ如き文書を著すのもよいかもしれない。それもまた研究的世界にいる人々への一種の伝道という意味合いをも持つことであろう。キリスト信仰はアッピール宗教である。信じることはこういうことだということは必要である。だがそれと名利を求めることとは別である。無名で終わる覚悟をせねばならぬ。

　考えること抜きでは信じることもできぬと思っての大学固執は本当はいけな

くはないのか。たとえどういう条件下にあっても何物にも依存しないことを第一にせねばならぬことはないのか。研究できずとも当人自身がインストルメントになっているのなら研究などあえて要らず、当人自身の中から出てくるものが真実であらねばならぬ。そういう意味では大学からも足を洗わねばならぬ。今後どういう道を行くことになろうともそれが当人の志すことに最良だと現在において信じるには今までに神の導きへの信頼を得ていることを要す。そこまで行くには、その時にはよく思えずとも結果としてよかった経験を要す。一度当人自身の人生においてのそういう経験が不可欠であろう。さもないと今後についてそういう判断はできまい。現状が、または今後について決まった状況が現在の自己の判断からは合目的的に見えずともやがてそうなろうと今信じうる、さらにそれの今後の展開を楽しみとしうるのでなくてはならぬ。今日の無宗教的状況を考えると、特定場所が処女地というのではなく、都会も田舎も共にそうであろう。あるいは宗教から見放されている点からは離婚させられた、つまり宗教寡婦のような状況でもあろう。仮に伝道という場合でも場所的意味での処女地を求めて田舎へ行くことはない。実践にしか当人の生命を置きえぬところまで状況が来ていないことはその分当人の信じ方が不徹底である。久松師のように自己がそういうことをなしうるのならそうしたいというのではいまだ不徹底であろう。そういうことが好きか嫌いか得意か否かという次元の問題ではない。実存的にそういうところにしか生命をおきえぬ具合に他所での生命が奪われている。彼ではいまだ他所での生命が残っているのでそこまで感じない。元来そういうことが得意とも思えぬ人格の場合でもそういう状況に追い込まれればそういうことができるよう人格が変えられていくのではないか。旧約の預言者を見ているとそう思わざるを得ぬ。

　まず一人の人を救いに導くことである。するとおそらく病み付きになりはしないのか。そういう実践へすべてが奉仕するようにせよとの神の意向である。研究も実践のためとなる。大学の哲学科は哲学解説学科ないし哲学評論学科に成り果てている。決してもはや哲学科とはいえぬ。なぜか。それは権威主義に迎合する如き人間の集まりなので当人自身哲学などはもはやないからである。哲学者とはいえない。研究的なことへの自己限定は不可能であろう。そうしようと思うこと自体が求道─伝道精神にとっては本来正しいことではない。今までそういう自己限定をしようとかなりの時間を費やした。だがようやくその正しくないことが

分かった。求道的でもなく伝道的でもない人にのみそういうことは可能である。そういう自己限定は罪ある、古い自己に属す。転職へ種々思い合わせてみて大学内にはもはや当人のおる場所はない。信じることが何かを問うてきたのだからそういう初志を貫徹の道しかない。大学内に活動を限定しようとすれば息が詰まってしまおう。大学に今いるのはそういう当人の実践も含めてのキリスト教学推進のための方便と位置づけぬ限り惨めでどうにもならぬ。実践は自分には無理とも感じてきた。だが当人が真に信じる当体に成りきるときにはどこの大学にいるかというごとき制約を突破しうるのではないか。それしか道はない。大学内に活動を制限していると夢も希望も見えては来ない。かくてどんな役職もキリストのしるしを身に帯びている者として誠心誠意やるのは意味あることである。そこで転職も実践への手がかりを得るためとなろう。いずれにしろ当人自身から発して実践しうるところまで行き着かぬ限り当人は道に捨てられ踏みつけられるほかない味のない塩である。

　今までは主の許に至らねばと思い世を退けようとする気持ちが強かった。だが今はそこへ召されるまでは同時に神創造による世を楽しませてもらいつつ生きていこうという心境も生まれてきた。主の許に召されるまで世の光であるよう定められている。世のことから心が自由になるとその時まで賜ったタラントを生かすべく生きようという気持ちが湧く。それ以外の気持ちは湧かぬ。世からの自由と召されるまでという気持ちとは一体である。霊という事態である。世での務めを単に世の存在からではなく主からのものとして受けることができる。運命愛といっても神という存在の抜けた如きそれではない。神を信じて生きようとする自己への愛である。このことは義認論や秘義を語ることより根本的な事柄である。例えば絵を描きに行って自然の中に没入することと表象的世界の中に舞い上がっていくこととは当人には一のことである。人の造った文化、文明の入っていない自然は神創造の世界そのままである。そこでそういう世界の中に没することはその造り主たる神の世界の中に没することである。イエスも荒野で40日40夜試みに会った。こういう荒野も自然の一部である。自然への没入は自然を超えることでもある。自然没入から自然超越を経て神へと至る。

　これに対し人創造の文化、文明への没入はそれを越えて神へ至る効果を持ち得ない。人の造った文明は罪を根底に有するのでちょうどブラック・ホールのよう

82 第1部 世にありて

にすべてのものをその中に引き込んでしまい離さぬ如きものである。そこで人が
そういう文明の中に没入しだすといつまでもそこを超えぬばかりか益々深くはま
り込んでしまう。だが自然は反対である。それは神が創造したままである。そこ
でそれへの没入は神へ至る道へ通じている。神自身が自然へ没入し人の造った文
明から心を引き離すよう人を自己へと呼んでいる。自然は人への神の呼び声であ
る。招いている手である。そこで文明から離れて自己の心に霊が宿っていればそ
れに基づいて自己の周囲を霊的にしていく。肉的なものを除去していく。これは
人が伝道活動することやより広く一般的に考えてみるとキリスト信仰的世界を広
めていくことと対応する。

このように考えてくると、宇宙の構造がどうなっているかという如きは当人の
心の中から消えてしまったように感じる。宇宙の構造、世界観という知的なこと
に本来心が引っかかっているのではなく、根本的には自己が自己にこだわってい
るという事態があることが分かる。自己がこの世界の中にある自己にこだわるこ
とによって間接的に自己は世界観という如き世界の問題にこだわっている。自己
へのこだわりが消えると同時に自己がそこにある世界へもこだわりは消える。宇
宙の構造とかは信仰にはまったく無関係という確信に至った。目に見える形ある
ものが今まで以上に自己の心から消えたのは確かである。今後はここまで来て後
戻りはいけないので学位などには頓着せず信仰自体へ至る方向へ益々傾斜してい
くであろう。やっといわば分水嶺を過ぎたといってもよいかもしれない。これま
ではまだ自力で峠まで登っていこうとしていたのに比せられよう。そのことは今
に至って初めて自分の気力が尽きたと感じることにも現れている。自力が尽きた
ら後は主が霊の力で引っ張ってくださる。そういう過程に入って初めて分水嶺を
過ぎたといえる。自分の力 ― 分水嶺 ― 霊の力という構造である。主の許に完全
に至るまでそれへの障害になるものをすべてかなぐり捨ててしまいたいという一
種の衝動に駆られる感じがする。こういう心の働き自体も霊の働きによる。自我
崩壊し神、人の間に介在していた自我が消えると両者は直結した関係になる。そ
こで神がイエス派遣に始まってこの世界の中に造った、世界の中に存しながらも
単に世界の中のものではない存在、教会にキリスト者は入る。入ることで世から
分けられる。そのように世に対し宣言する。それによって自己がキリスト者であ
ることを改めて認識する。そうしてヨハネの黙示録にあるような迫害があっても

第4章　全方位展開　*83*

それに耐えつつ信仰を全うする生き方をするよう促される。他人が自己をそういう者として見ることが自己の自己へのそういう認識を促進する。自己と他人とは同一の社会を構成しているから。現在のように人心が信仰へ向いていない時代では求道的に問う人のあり方は社会の片隅にひっそり生息するしかあるまい。求道的たることが社会の主流になることはあるまい。それどころか宗教的世界においてさえも主流ではない。仮にそういう事態がありうるのなら当人が現職にあることもなかろう。かくて当人がそういう片隅状況から脱しようとすること自体が自己矛盾である。旧約の預言者も当時の民が物欲へ向いているために社会の隅に居るほかなかった。

　ところで、求道的たることが社会の主流となる時代などがありうるのか。社会の支配層が求道的ということはありえまい。だが一般大衆が自身は求道的でありえなくてもそういう仕方での救いを期待する時代はありうる。疎外された人間としては権力の座にある人間に対してその権力へ対抗するには暴力しかないので封鎖活動を行うことともなろう。だがキリスト信仰はここでそうはせず自分の十字架を負って「わたしに従え」と山上の垂訓にあるように悲しんでいるものは幸せである、「わたしの名ゆえに迫害されている人は幸いだ」という方向へ向かう。もっとも平和的手段でやっていては権力側によって押し切られてしまう危険もあるのも事実である。

　現在の生への感謝から現在の生を神の御心に叶うように生きることが生まれる。あくまで現在から現在へである。未来的契機はどこにも入ってはいない。本来からいえば罪のため滅びて存在してはいない。当人が神の赦しの結果として今ここに生かされていることへ感謝のほかはない。この感謝から生きる。未来から生きるのではない。存在が赦されていること自体が感謝の対象になりうる。正に無から造られた存在としての自己に関して創造主たる神に感謝する。こういう感謝があれば未来における希望の如きがなくても人は現在の生において神の御心に合って生きるよう努力しつつ生きうる。その上、未来における希望といってもいつのことか分からない。復活後のことであるような遠い先のときにおける出来事が現在の生を生きるに当たり力になりうるか否か疑問である。当人の存命中でのことならともかく当人の死後生じることなどは今ここを生きるに当たっての力にはなるまい。死によって一旦人の生は切れるのだから。復活後のことは復活後

のことであろう。自己の無たることに気付くほど感謝の気持ちが生まれよう。また自己の生命を神が引き去ろうとするときには気持ちよく自己の生命を神へ返そうとの気持ちが自然と生まれる。自己の生命が自己のものとは既に考えてはいないから。一時的に神からいわば貸し与えられているのだから、期限が来れば返却は当然である。本来の持ち主へ返す。自己の生命に限らず自己本来の持ち物は何一つない。仮に神が約束して下さった事柄であってもまだ与えられていないものについて先回りして感謝するわけにもいくまい。人はすでに今与えられたものについて感謝しうるのみである。もっとも約束のあったことはすでに実現したも同然なので、神は誠なる存在だから、人としては今すでにその約束について感謝してもよい。だが既与のものが人の今を支えているのだから、それへはより強い感謝が当然である。またそれへ注意し大切にするにはまだ与えられていないものよりも既与のものへこそ感謝せねばならない。既与のものへ十分感謝しているとそれ以上を何か求めようという気持ちはもはやないので、まだ与えられていないものについてまで感謝する要はない。求める必要がないのだから感謝する必要もない。現在に対して十全に感謝していれば自己の全存在が感謝になりきっている。感謝の入っていない自己の部分はどこにももはや存し得ない、存在即感謝なのである。感謝が存在より大きいので感謝のほうが余っている。そこでもはや今以上何も求めることはない。もしこの関係が逆であって、存在が感謝より大きければ感謝によって包まれていない存在の部分があることとなり、その部分が何か今与えられている以上、以外のものを求めることとなってしまう。馳求の心が生まれる。仕事でいえば出来るだけ努力してやっておけばよいことが分かり、気が楽となる。生きることを楽しむこともある程度はするとよい。神が与えてくれた人生だから。

　一方で、今例えば真宗とキリスト教の関係についての研究は既に終末の世界に連なっている。その限り今この世界にあることが来世の生に既になっている。その生がどういう形でどのように続くかについて今現在の我々には何も分かってはいない。同様に今のこの生がどれだけ続いても続かなくても有意差はない。この世と来世とが切れていると考えて初めて世でどれだけのことをするかが問題となる。そういう大前提がなくなると、もはや世でどれだけという次元は意味を成さなくなる。どこかへ観光にいっても直後に空しさに襲われると感じていることの

背景には可視的世界から内的世界へと今まで以上に心と目が向いてきているという事態があろう。だから外的なものを見て歩くことに空しさを覚えざるを得ない。内的リアリティが外的なそれを上回っていることを示す。こういう心境では犬の遠吠えも人は復活すると叫んでいるかに聞こえる。不可思議である。

　研究などいつでもできると考えてはいけない。外国で一人暮らしをしつつ言葉も十分は通じない世界である。だからこそ考えることも多くある。またとない機会、二度とめぐってくることのない千載一遇の機会である。こういう非日常的世界に暮らせばこそ宗教のような非日常的世界について考えをめぐらすこともできようことを忘れてはいけない。至るべきところへ至った。もはやどこへもいくところはない。あちこち行ってみたいという心情は至るべきへいまだ至っていないことと呼応する。そこへ至れば外的にあちこちへ行ってみたいとも思わなくなることに気付いた。心が揺れ動く間は身体のほうもあちこちへと振り回されている。心がピタッと決まってくれば身体のほうもバタバタしなくなる。心身の動きは一体的である。世界（世間）の動向とか風潮とかその他の種々の動きなどはもはやどこ吹く風と受け流していけよう。もう何のわだかまりも引っかかりもとれてしまった。脱落した。世界脱落である。神の一人子として受肉したイエスについて反省する以上に価値ある仕事は他にはない。こういう仕事をなしうる才能、機会に恵まれたことを心より感謝せねばならぬ。受けたタラントを十分に生かしうるよう努力せねばならぬことは明白である。他のことは一切考えずともよい。

　こういう心境に至って初めて人は救われている。心と身体とが動いている間はまだ救われていない。出会うべき者に出会っていないのでそうなっている。動の中の静というがまさにそうである。こういう心境では、何をしていても、つまり動き回っていても常に心はある一点へとしっかり止めつけられたままでただの少しもそこを動いてはいない。まさに動中静である。あるいは逆に静中動ともいえる。もう今後は何をせねばならぬということはない。自由である。どんなことでも自由な気持ちで楽しむという心構えでやっていける気がする。特別な神の召命があって牧師になってどこかへいく如き状況にでもならぬ限り、今現在の状況に中にあって例えば禅との関係を考えつつ人生を生きていけばよい。

　今後はそういう意味では生活をエンジョイしていけばよい。今まで本当にご苦労様だった。今日初めてだが、可視的世界の向こうが感じられるような気持ち

になった。まだはっきりとはそれがどういうものか分からないが。だが何かそういうものがありありと感じられるのは事実である。いずれもっとはっきりとそれが認識されるときが来るであろう。親鸞などは娑婆が恋しいといっているが、それも一つには神という他者を信じないので可視界を超えた異質の世界というものを欠き新しい世界へ自己を移すことをしようにもできぬのでそうなっているのではないか。そうとしか思われない。一日一日が一生一生という気持ちで生きることが必要である。いつ死んでも悔いの残らぬためにはこのように考えての生がよい。一日一日は一生の繰り返しとなる。朝起きて夜寝るまでが一生である。毎日は一生の繰り返しである。帰国して禅の研究のほうへ入っていけばそういう心で生きうるようになろう。生命への執着はキリスト信仰を理由としてならいつでも死ぬ覚悟はできているのでないともいえる。かくてただ生命を惜しむ心は今の自分には既にないといってよい。それがあるのはキリスト信仰に無関係の他のことに関して死ぬ場合である。例えば飛行機事故で死ぬとかである。だから生命をただ生命として惜しむ心は既にない。事故で死ぬことは嫌だという心は信仰に生きようとする自己を大切にしようとする心の一表現と考えてよい。かくて残る問題はただ一つ、つまり好奇心を殺すことである。一度外国へでも行ってみるのが一番手っ取り早くはなかろうか。だがそれを実行すれば好奇の虫を切り捨てうるという見当を明確につけてからであろう。いずれそういう時期が来ると確信している。ともかく困難に負けずそうなればなるほど闘志を燃やし挑戦せねばならぬ。さもないと「当人の十字架を負って私に従え」といわれている者ではなくなってしまう。

　神の備え給う道をただひたすら行くのみである。そうしてこそ心は少しの汚れもない明鏡止水でありうる。当人が馬鹿にされることはただそれだけのことではない点が大切である。当人が信じているキリストが同時にそうされることを意味する。これは是非避けねばならない。それにはこの際で考えればどんなものであれ儀式には出ないことである。キリストが馬鹿にされるようなことをすることは許されない。当人が最先頭であることは書物の出版で顕となろう。色や数字は所詮意味のあることではない。主を待ち望むことができることは同時に宇宙が神の被造物と解すことを意味する。当人を含む宇宙と神との間にいかなる邪魔物もいなくなったといえる。宇宙が神の被造物たることが真にそうなった。これは同時

に当人が宇宙のそこかしこに神の御手を感じていることを意味する。そういう感じがあって初めて霊の働きが当人に及んでいるとの感じ方も可能となる。こういうことと平行して当人の考えを書き残すことに固執せぬ決心がついて初めて人を許しうる心境が生まれる。まず第一にその書き残すことにすべてが集中して他のすべては当人の心から消えている状況となった。第二にその一点に集中した核としての書き表すことが消える、下ろされることとなった。こうして一事に全精力が集中され、その一事が心から消えるプロセスを経て一切の荷を下ろしうることとなる。許すことはかくて“自己”のすべてを離れて初めて可能であることが分かる。当然といえば当然である。自己という要因が少しでも残っていると、“他”を入れ得ないことを意味する。自と他とは相互に排除し合う関係である。自が全面的に神、キリストによって占領 ― このことは即良心尊重を意味する ― されていて初めて他を容れうる。良心とは人の“自己”を超えた存在である。従って良心の判断に従うことは十字架を負うことへと通じる。

　ところで、書くことすら捨てるのなら当人の使命はなくなってしまわぬのか。パウロでも使命感を持って活動したのではないか。そこは彼のような使徒と一般の一キリスト者とでは事情が異なる。後者は神を賛美して日々好日と神の与え給う人生を生きていけばよい。それが神の御心に沿うことである。あえて使命という次元で考えれば、当人の考えたことを著すこととはいえようが。「その日の苦労は、一日だけで十分である。」（マタイ6, 34）とは当人には苦労がもはや消えていることを意味する。苦労が“ある”と一日一日でそれを切って考え得まい。どうしても取り越し苦労という如く続いてしまう。すでに苦労でなくなった苦労を苦労として苦しんでいる。つまり苦労を非苦労として苦労している。どんな苦労といえどもキリストの御手の中にあって苦労すればもはや苦労ではなくなっている。苦労よ、さよならである。馳求の心が消えることは苦労も消えることである。今日は来るべき世とパウロのいう主と共にいつもいるであろうという新しい世界への期待を当人が持ちつつあるとの実感がする。

　さらにそういう世界へ心と目と宝とが移ることが神、キリストを信じることなので益々こういう傾向を徹底していかねばならぬ。それには世のリアリティが消えるべくの努力を要す。当人自身の周りからリアリティを消していくことでその分だけ来るべき世のリアリティが増大していく。だがやはりパウロには第三の点

に上げられたとかダマスコ途上でのキリスト顕現の如きものが不可欠であったように来世につき人に予知させる何かそういう啓示を要しよう。そういうポジティブなものが現時点ではまだ当人には欠けている。終末まで淡々と生きていけばよいのではないか。人がいかにあくせくしても何ら状況は変わらぬ。日々世にあっての当人の務めを果たしていけばそれでもう十分ではないのか。考えを著そうということも広い意味では自我のなせる業であろう。当人が世に生きていたという痕跡を留めようとせぬことこそ人の無我的生き方にふさわしくはないのか。そう考えてこそ肩の荷を降ろしうるのではないのか。ともかく一度はこういう境地へ至らねばならぬ。その後で文字通り霊が宿り状況はガラッと変わる。改めて使命を帯びて動き出すのである。無碍の大道をいくという心境が大いに近づいてきた。だが神のインストルメントということは単にそういうことではない。今既に当人が全存在として神やキリストといわば同じ位置にまで立つところまで至っていることを意味するから。人の心が真に無になればこうであるほかない。当人本来の人間性が実現されてきたら死ぬのなら死んでもよいと感じよう。自己実現で世のもの、可視的なものへの執着が消えてくるとこういう気持ちが自ずから生まれよう。神の手のひらの中で舞を舞う楽しさよ。誕生も死も、研究もレジャーも、苦しみも希望も、舞の一コマである。

　世と自己との相互的死が一旦達成されていれば、たとえ何があっても、起こってもそれによってどうということはあるまい。かくてこういうことで試されるのは当人がそういう境地に至っているか否かである。このただ一事のみが試されている。禅は今では欧米にまで広がりを見せているが、それも一時的でやがてその熱気も過ぎ去るのではあるまいか。所詮人の知恵は神の啓示に比すれば空しいものであろう。キリスト信仰においては、真宗にたとえれば"南無阿弥陀仏の声ばかりして"という妙好人の言葉同様に主の声を聞き、その姿を見ているので、一般に表象というものは不要である。つまり終末の表象も。当人がキリスト信仰のために、日本で普及するために、さらには世界的視野で見てキリスト教と仏教という二大宗教がじつは前者において一つになりうることを示すことが当人の唯一つの仕事である。その点を深く考えることといわゆる実践とは現状では相容れない。そういう事態の根拠付けをすることが唯一の仕事である。大筋の考えは既に出来ているが。両教の統一とは単に日本の問題ではなくて、国際的次元のそれで

ある。

　こう考えると、心のわだかまりが消えていく。やはりいわゆる実践となると当人にはうまくやれないという不安感があり、これこそ当人の道だというほどにしっくりこない。深く考えての貢献なら「よし来い」という感じがしてくる。だが今後はもはや実践なしでは何も生まれないと考えしばらく時が経ち、一概にこういう考え、つまり両教の関係を考えるのが当人の仕事と決めること、で当人の気持ちの変動が失せるか否かは疑問であり、何か月かたたぬと分からぬ。だが両教の一体化という具体的内容が明確化した形での研究が当人の生涯の仕事というように腹が決まったことは一度もなかった。だからそういう内容付であれば今後そういう点について心の動揺はないかもしれない。今までにも研究が当人の仕事と決める腹になりかけていたことはあるが、その時には内容が今回の如く明確でなかった。かくて当人の心をそういう方向へ向けて決めようとしても、具体的目標のない状況では心は一つの方向へ決めようがなかった。だからそこから再度実践を平行してやらねばという心境へと戻っていった。だが今までの当人の気持ちを反省して、いかに実践をあわせてやるべきと思っても実践のみへ投じていく気持ちになったことは一度もなかった。考えようとする傾向はどこまでも捨て難い。問題はそこまでいけた後は実践せねばそれ以上の信仰の前進がなくはないかとの懸念である。両教の一体化という大命題を深く問うていく場合には一般人相手の実践はしてもしなくてもよくはないのか。たとしてもそういう問題を考えるに当たって大いに有益ともいえまい。むしろその場合は外へ気持ちを向けておく要があり、目的に反しよう。心を内へ向け難くなろう。

　こういう問題を考えることも要は他のため、キリスト信仰のためである。これは他の人々のためにしていることと同じではないのか。かくて具体的な他の人々のためにでなくても、信仰の前進は同様にありえよう。問題はむしろどれだけやれるかである。現状ではまだ具体的テーマについて両教の一体化についてやっておらず研究では駄目で実践でないと信仰の前進がそれ以上ないという感じになってしまう。自著『キリストによる無我』も日本の伝統とキリスト教の対決の一つのモデルを示している。だがそう考えてしまうと第三者的、評論家的発想になってしまう。そういう二つのものが先にあってそれらをつき合わせてそこに著わした内容ができ上がったのではない。そうではなくそういう信仰をするほかなき人

格の人間が一人いた。そういう当人が書いたのでそういう内容となった。別々の二つから一つのものを作ったのではない。先の如くの考えは本末転倒した発想といえる。自己がそういう発想をいつも行っているためそういう見方をする結果になっている。

　既にあれをしなくては、これをしなくては、あるいはこういう方針で生きなくてはという如く一定の方向に力の入った仕方で生きることは不要である。神から賜ったこの生命、この人生の一日一日を大事に生きればよい。ただあえていえば全方位展開で信じるとはこうだと一人でも多くの人へ伝えることがあるとはいえる。そういう生き方と心と宝とが天にあることとが対応している。また例えば寝る前に祈ることもこういう心境で初めて心に浮かぶことが分かった。祈りの背景にはやはり日々を生きる、生きていることへの感謝の気持ちがあろう。全方位展開という契機と淡々と生きることとが一として解されたのは現時点が初めてである。"あえて"何かをしようとすると、それが肩に力の入ったやり方となっていた。現在では"あえて"がいわば無我と一となってしまった。こういうところに当人独自の生き方についての境涯が表明されている。ただ独自とは何もあえて他の人々と内容が異なっていることを不可欠の条件とはしていない。当人が日々感謝を以って生きられているような生き方があればそういう生き方を生きるのが当人にとり独自である。こういう境地こそキリスト教と禅とがいわば一になったという性格のものであろう。"あえて"という契機のみでは他の何らかの生き方へ思いが及ぶとそれと対立したりの事態が生じよう。それに対し"あえて"と一体の無我的なる要因があれば、それが"あえて"に対立的に生じてくるものを退けていこう。①、全方位展開　②、根源的には孤独、かつ淡々と生きる　③、信仰を問い続ける　こういう三原則で生きる。信仰論をできるだけ全方位展開していくが、周辺の状況から十分のことができなくても、体制からはみ出し疎外されていれば当然のことと受け止めること。ここに心の落ち着き所がある。学会活動もするとよい。こういう問題についてはこうして心の中に波風は立たなくなってきた。転職を待つまでもなく現在の職にある間に考えるべきことは大筋において考えてきた。もはや急ぐことも慌てることもない。パウロ、アウグスティヌス、ルター、ニーチェ、キエルケゴール、ブルトマン、道元、親鸞という如く東西に渡っての人々を考え、それらとの関係をも考慮に入れて信仰を問うてきた。今後

はそれらを学問的に形の整ったものにしていくことが残っているのみである。少しずつやればよい。旧約ではヨブについても考えた。東西南北、上下左右、文字通りの全方位へである。拒むべきところなどはない。一切合財を信仰によって包摂した。信仰が包んだ。一切を脱色して信仰色にしてしまった。一切を異色のままで同化した。全方位へ展開していきうるところへ至って初めて真に信仰へ至ったといえよう。そういう広義での実行へと至っていない段階では世俗の中のものすべてを信仰化しえず残っている面があろう。その理由はそういう対象にまで当人の心が届いていない、障えられているから。当人がかつて愛したものをのみ憎みうるというが、そういうことをここでもいいうる。障えられているとはそういうものをまだ当人が愛していることを意味する。全方位とは全方位にあるものを受容することである。一方位とはその一方位にあるものを受け入れることである。心が向いていることが受け入れを意味する。最初の自我崩壊のときほどの感激はない。何か静かな、静かな、どこまでも静かな心のあり方である。禅でいう悟りのかすを落とす悟りもこういう性格かもしれない。だがこれはその大きさからいえば最初の悟り、つまりキリストの啓示への到達、自我崩壊より大きいといえるかも。これによって初めて信仰が対外的に存しうることとなったのだから。個人としての存在内に留まっている間はまだ何もないといってもよいかもしれない。人は社会的存在だが、社会の中に存していて初めてそういう者として存するといえる。

　ここ当分はいくらか気持ちの変動はあっても全方位展開の方向へ収束するという感じでその周辺をめぐって気持ちが変化していた。事実その通りであった。研究か実践かの時のように気持ちが180度方向転換するのとは異なっていよう。後者の状況では収束の仕様がないであろうから、二者択一になってしまう。間違いなくこちらだとある時思っていても、それが逆になることもあった。今回は異なろう。ここ9年間は本当に苦しかった。転職の場合は大学内に研究会を作るのも、学会活動も全方位という点からは各々その一方位である。しばらく前まではそれぞれを別々に考えていた。当人が興味本位の学者の集まり（学会）を受容し、彼らの本を読み学生をも受容する心が当人側に生まれて初めて全方位展開という場に出るを得た。どこかに少しでも障えられているとそうはなりえなかったであろう。すべてを受容するとは当人が真に無我、空であることを意味する。無で

あるゆえ何物も入りうる。その結果すべての受容と引き換えにかえってすべてに当人を受容させていきうる。かくて当人自身がまず無になることが重要である。もっともこの際受容とはいえ人は人格なので無原則に善も悪も共にということでは決してない。全方位とは国内に限定はされない。福音を世界へ向けて説くことである。諸外国での活動こそ全方位という名目には不可欠ともいえる。こういう心境になって初めて『キリストによる無我』に著わした内実が生きており、自己の存在と一になっている。両者間に間隙はない。このように考えると、どこまでも当人の努力でやれるという気持ちになる。転職をというのでなく全方位とあれば当人の現在の状況の中で好都合な方位から始めればよい。あの方向はダメ、こういう方向はダメという要因はもはやない。何から手をつけてもよい。きわめて気楽に始められるではないか。世俗的観点から何か完結的なことをしようとするので、あれはダメ、これはダメとの考えが生じる。それさえなければだめという方位は生じない。どこからも捨てられつつ信じるとはという点に集中して考えてきた。かくてキリスト信仰としてはそういう者がここにいることを世に知らしめることを要す。話を聞きたいという人がいれば出向くことをも要しよう。組織化された状況ではそれしかない。だが個人としては孤独たることは変わらぬ。全方位へ向けて対社会、対人的活動をする段ではあらゆる人、社会に対して当人は一次元異なる場に立つ必要がある。それはすなわち心が天にあるということである。天からあらゆる地の中の場所へ向けて活動する。だがその際すべてのことが完全に分かってから始めるのではない。パウロでもそういう活動の途中で回心して180度転回している。まず行動を起こさなくてはいけない。心が天にあって一次元異なるところに立っており、地にある種々のものについて無用に差別する心は生じまい。たとえ最初から全方位展開できずとも心の内ではその心算でやっている。いつの日かそういうことを実現させる決意で臨んでいる。当人の置かれた状況によって展開の仕方は異なってくる。全方位ということは福音の根本義とも一致する。福音はどの人に向かっても語られるべきものだから。全方位のうちの一つの方位として学会を考えれば、何で今更という気持ちも生じまい。実践とか研究とかという区別もここではない。天地の対立から見ればそういう世俗の中での、地の中での区分などはもはや存しないも同然である。場所的に見れば、日本も外国も含めて何の区別もない。パウロのいうギリシャ人もユダヤ人もないとい

うことと同じであろう。天からは救いと滅びの区別はあるが、世俗ゆえの世俗の区別はない。当人の信仰がそこまで来てようやく当人の行くべき道も見えてこよう。ただ当方がいかに全方位で考えていても相手が受容せぬという事態は生じよう。それはそれで仕方ない。受容されようとして無理する要はない。手を付けうるところから順次展開していく。まず学会と学校内での研究会立ち上げである。その後順次拡大していけばよい。ここへ至ったことと再臨について惑いが消えたこととは無関係ではない。当人の信仰によって心が天にあることとなり、同時に全方位展開へと思い至った。前者なくしては後者もなかったであろう。話を求められればいつでもどこへでも行くことが大切である。心が天にあることで地のすべてを包摂している。地の中にどこかを拒む理由はない。場合によってはもう一度どこかの教会員になってそこへ出て行って福音を語ることもありえよう。どうしてもそれが必要であれば。いかに全方位といっても当人には当人の資質があり、不可避的にそういう方向へ傾斜する仕方での全方位展開となるのはやむを得ぬ。これはもう仕方ない事態である。実践とか研究とかの区別などありはしない。本来の宗教はそうである。かくて区別せずの対応が当然である。

　当人が現時点で既に全ハードルを超え完全な信仰へ達しているとは思わぬが、まだ残っている問題は全方位展開のうちで、それの実行の中で解決すればよい。こう思いうることは既に峠を越していることを示唆する。当人自身の問題として感じることは既に克服しており、対社会、対個人的行動のほうへ重点は移っている。個人としての問題を未解決ではこういう心境にはなりえなかったであろう。全方位という次元へ至りえていない段階では当人の心が世俗のことへいくらか引っかかっているところが残っている。再度どこかの教会へとの思いは大きい変化である。真に全方位ということが身に染みて分かってきた。そういう思いは既にそういう行いの実行と同じ価値を持とう。少なくとも当人の心の内では。既に心において当人がそこから追い出された教会を受容しているから。

　こう考えてやっと当人の心が落ちついてきた。最初の自我崩壊から約９年かかった。つい最近まで研究か実践かという狭間でゆれていた。ここで全方位展開という立場に立ってそこを超えた。信仰とは元来そういうものであろう。元来実践と研究という区別はなかったのだから。全方位展開という契機でそういう対立を弁証法的に凌駕した。迷ったときは苦しい道を行けというが、仮に研究職でな

いところにいて学位をとりそこへ替わった場合その時だけを考えれば苦しいが、後は楽になろう。一方、すぐに替われたとしてその後に例えば単身赴任で大都市へとなれば後でずっと苦しくなる。一時苦しいか一生苦しいかの選択である。信仰の成長からは後者のほうがより適切である。全方位展開とは元来世に属さぬところから世に対してなされることである。かくてそういう活動が世の中でのある固定した形でなされることのないことはいうまでもない。当人が今おかれている、そこで全方位に向かって展開するのが仕事である。野にあるとはキリスト教的世界の中でではなく、それには縁なきところでの実行を意味しよう。全方位展開をやるのにこちらから条件をつけるとはおかしな話であろう。たとえどんな条件下にあってもそういうことはしようと思えばできる。そうなしうる如き信仰が当人にあるか否かである。これのみが問題である。伝道という点からは、特定場所でしかやらぬということはない。パウロでもあれだけ広くやっている。地方でやったり大都市でやったりというのも全方位との観点からはむしろ結構である。あちこちで種を蒔く。もし1か所でとなれば日本なら東京でとなろうか。パウロも当時の大きい町でやっている。小さい部分は大きい町の周辺部に属すと考えていたから。

　このように考えてみると、もはや場所の問題はなくなる。即今当所での全方位展開である。どこにいるかは神の定め給うこと。どこにあってもそれを気に留めることはない。学会活動も再開のめどが立った。以前は闇雲にだったが、今回で全方位展開という明確な自覚の下での活動となる。このように考えて、やっと人には救いという契機があるという確信が心に湧いてきた。自我崩壊のところに留まっていてはまだ救いではない。救いへの登竜門にしか過ぎぬ。あらゆる方向へ向けてやっていくこと。しかもそれが全体としてどういう形になるかなどと思い煩うことはない。それは神の考えたもうことである。人の思い図ることではない。人は種を蒔くだけである。育てるのは神の仕事である。全方位という際の全という点が大切である。一部ではいけない。一部方向へ向けてのみなら、その一部方向は受容しているが、他の方向はそうではないこととなる。そこに自我の残りが見られる。是非 "全" ということでなくてはいけない。自我崩壊していればそうなるし、なりうるし、なるほかあるまい。それ以外なりようはない。単純に信じる人も興味本位の人もすべて受容する。相手の世俗的観点から見ての相違が

当人にとって消えている。消えていれば誰に対しても話をなしうる。それにして
も"全"という観点が当人に分かるのに最初の自我崩壊から9年が過ぎた。長かっ
た。

　今後はじめて真の宗教的生が始まる。第二の自我崩壊ともいうべき"全"とは
大変なことである。この点を考えるほどその重大さが心に大きく映ってきた。こ
の自我崩壊なしでは第一の自我崩壊は何の役にも立たぬ。悟りの上にあぐらをか
いていることである。その点第一のより大切である。それを生かすも殺すも第二
のそれ次第である。こういうことを反省する最初のうちはさほど重要なこととの
印象はなかったが、種々反省する間にこれはきわめて重要だと分かった。そして
第二の自我崩壊という事態の必要性も。全方位とはイエスが胸を叩いて悲しむ収
税人を受容している（ルカ 18, 13 以下）ことと好一対を成す。すべてを受容し
ている。ただいくら全とはいえ先方で受け入れねば仕方ない。こういう状況は人
生の革命的転換ともいえる。宗教が以上の如くなら当人の今後の生き方は悠々自
適な、真の意味での自己を中心とした生活となろう。研究的なことに今更すべて
をかける生き方をしようにも体制外へ去るを余儀なくされた当人にはもはや不可
能である。悠々自適とは当人の宗教的境涯を示す。ゼロから問いこれしかないと
ころへ至ったのだから、今後さらに細かく考えるべきところはあろうが、基本的
にはもはやこれ以上進むところはない場にまで至っている。娑婆の中に生きてい
る世捨て人というか、世から捨てられ、また世を捨てたということか。生きてい
るというだけですばらしいことであり、その生についてどうのこうのと考えるこ
とはあるまい。イエスの出来事にしろ、禅での法にしろ、そういうものはもはや
何もいらない。業にしても深く考えてそういう形のものへと結晶してくるのであ
ろうが、そんなことをあえて考えることもない。こうして宗教的概念の如きはす
べて消えてしまう。だがそうなると倫理的なことはどうなるのか。思うに先のよ
うに考えている人が殺人を犯すこともあるまい。神などにより抑制されずとも自
らが悪へと走ったりはすまい。

　かくて生きているだけですばらしいという人生観はそれ自体のうちに倫理の
基礎を含んでいる。そういう実感は死に直面しなくては生まれぬものであろう。
例えば当人の子を先に亡くした場合である。だがそういう実感はまだ幸せな人の
話である。死んだほうがよいと思いつつ生きている人もいよう。実際に自殺する

人もいる。かくてそういう実感は人生の体験としてはまだまだ地獄を体験しては
いない。こういう事態と関連して是非キリスト教の如き厳格な一神教により人の
魂の救いが不可欠となってこよう。信仰とはこれしかないという心境へ達するた
め結果的には命がけで問うてきたことを意味する。こういう宗教観に対応する宗
教とは現実のキリスト教でなくてはならぬことはない。これはそういう宗教観と
は矛盾する面もあろうから。例えば非受洗者を区別すること。

　当人の存在が外にあるままで考えだけが他の人の心に入っていくことはない。
存在が入っていて初めて人々は当人の考えについても関心を持とう。かくて考え
より存在のほうが先行せねばならない。その点、是非とも当人は教会へ復帰せね
ばならぬ。その後は「入る」ことを通じて当人の信仰はさらに高く上っていくと
考えるべきである。また事実そうであろう。例えば何でもよいが書物の出版を間
に挟んで教会から「出る」のと「入る」のとの間の分水嶺と考えうる。昇るから
降りるへとも考えうる。当人自身の問題として考え抜くには「出る」ことが不
可欠だった。事実がそうなったことはそのことを何よりもはっきりと示す。「中」
にいるままでは周りに雑多な要素がありすぎて当人自身の問題として考え抜くこ
とができないから。このことは例えば京都に本社のある会社が東京は情報が多す
ぎるという理由で出て行かないこととも無関係ではない。多々益々便ずとはいか
ない。何よりも自己への集中が重要である。「入る」という契機を思うと、当人
の前に広大な働きの場が広がっているという気持ちが生じた。当人自身のことと
して考え抜いていない人は他の人々のために働き得ないであろう。考え抜いて初
めて他へ役立ちうる。当人一人の面倒さえ見ることのできぬ人間がどうして他人
の面倒を見うるのか。洋々たる世界が広がっている。"行け"という神の声が聞
こえてきそうである。日本のみではなく世界へ向けてである。日本も世界も世と
しては共通だから。当人の書が読まれるにはその時当人の存在が先行して"世"
の中に存することを要しよう。何十年も考えてきたが役立つときがようやく来た。
こういう道は正しいであろう。行く道はこれしかあるまい。辞職以来の道が真っ
直ぐに新しい道に続いている。ただ色は異なるが。「出る」という色から「入る」
という反対の色へではあるが、まっすぐの一本の道という点では文字通り一本の
ままである。

　他のすべてを捨てて集会を始めうるのか。信仰の問題に限らず当人が納得の

いっていることには人はすべてを投げ出せよう。つまり当人の実存の展開のためなら自己所有のすべてを投げ出せよう。自己所有のものは自己自身ではないから。前者より自己自身のほうが当人にとっては大切であろう。神信仰のためならすべてを捨てうるとはいえ、それは単に神を信じるのではなく、同時に自己実存の展開でもあるからである。主を待ち望め！ ということが聖書の究極のキーワードである。その際サラとアブラハムとの話にもあるように人としてはもはや望みえぬのに望むのである。創造はいわば一種の奇跡ともいえる。したがってそれを信じるのなら奇跡的なことを信じないはずはない。奇跡によってさえも神が世に主のみ心を現し給うを待つのである。かくて待つとはいえただ待つのではない。また通常の出来事が起こるのを待つのでもない。人の目には奇跡とも思えることを待つとの意である。もっともこうして旧約当時と現代とでは人の概念性が異なるので現代人は奇跡的なことを待つのはし難いと思う人もあろう。だがたとえそうでも待つ以外にない。また虚無の底を打ったところに達していればそういう待ち方が可能であろう。もし実践、集会を行うのであれば、当人がそうしたいというのではなく、そうせずにおれぬという如くそちらへ押しやられてしまうという形でだろう。聖霊の働きとはそういうものであろう。人格的にそうさせられる一種の力が作用する。奇跡的なことを待つことは旧約、新約を問わず随所に見うる。例えばイエスも「こんな石からでも、アブラハムの子たちを造り出すことがおできになる。」（マタイ 3, 9）という。「この山に向かい、『立ち上がって、海に飛い込め』と言っても、そのとおりになる。」（マタイ 21, 21）とも。脱エジプトでいえば紅海の水が分かれたとある（ヘブライ 11, 29）。さて、奇跡的なことを待つことと待って、待って待ちぬくこととは繋がってはいないのか。いつまでも待てれば奇跡的なことを期待する要はないが、緊急の救いを期待せざるを得ぬ場合、例えば民族の存亡がかかっている場合などではすぐにでも奇跡的仕方で救って欲しいこととなろう。平和であればあえてそういう待ち方でなくても通常の仕方での救われ方を待てばよい。「わたしたちは、目に見えないものを望んでいるなら忍耐して待ち望むのです。」（ローマ 8, 25）とあるが、このようにどこまでも待つことが聖書の信仰の一つの本質であろう。

　何をアッピールするかがはっきりせぬと実践はできぬのではないか。神を信じ、神が真にいますと信じられたら、もう実践せずにおれなくなって来はせぬか。

またそういうところまで達しなくては当人の人生は不発に終わろう。何をアッピールするとかしないとかは実践を始めてからのことである。まずは神が信じられているか否かがすべてである。ぜひとも単独の伝道者として世に立ちうるところへ達すること。それ以外に立つ瀬はない。当人の気持ち、実感として神への信仰を感じたければ、実践を行う如き状況に自己を置けば間違いなくそうなろう。だがそうすると深く考えていく仕事はできない。今の時代では組織化されているから。そういう仕事をしていると、実感として信仰を感じるときの到来は遅くなろう。だからそういう実感を求める心情に従い行動するのが真理であるのか。実感を得るのは先送りして深く考える仕事を続ける状況にあるので今すぐの実感入手不可に耐えるべきか。このうちどちらが真実かという疑問は十分考えるだけの価値があろう。一般的に誰の場合にも答えはこうであるという形では答え得まい。当人の資質によってこうだと答えるほかはない。

　結局、後者が当人の場合には行くべき道と判断されよう。当人が宗教的なことでもし何らかの貢献をしうるとしたら後者の道しかあるまい。実践したところで一般の人が多く来るはずもない。何の貢献もできまい。実践と深く考えることとの一体は中世ぐらいまでであろう。現代では事情が異なろう。個人としては実感することを犠牲にしても深く考えることを続けることこそが当人が宗教的次元で貢献しうる唯一の分野であろう。実践の場合人を集めようとしてはいけない。集まればそれでよい。だがそうだと一般の人はネームバリューのない人のところへは来まい。本人で価値を判断する力量はないから。今の当人は実感探求の気持ちが強いが、それに従って動いては深く考える仕事が犠牲になろう。かくて今はそういう気持ちを抑えるべきであろう。最初の自我崩壊までは信仰探求の気持ちで動いてきたが、以後はそういう実感探求に従ってばかりではいけまい。個人的心情よりより大きい視野に立って大局的に判断せねばなるまい。そこで死んでもよい覚悟で考える研究の道に徹することである。ちょうど千日回峰行を行い当人の生命さえ省みずその修行を続けることとまったく同価値的な効果が当人の心に対して働くこととなろう。死んでもよいからこの道を行くとなりうるにはその道が当人の人格そのものであることが不可欠である。この点から見ても禅での修行をするのは無理である。やはり考えるという方面から信仰を問うことが当人の人格そのものだからその道へ徹するほかない。これが唯一の道である。パウロの場合

でも当人の人格自体といえる道を行く間に真の信仰へ至りえた。一道に徹することで死をも超えていく。死の不安をも超えて考えぬくことにおいて本来の自己が目指したところへの到達も射程の中に入ってくる。今までは研究のみでは不十分と感じ他の何かをせねばと研究以外の求道の道を探求もしてきた。だがそれは誤りだと今やっと気付いた。むしろそのように自己本来の道以外へ目を向けるのは本来の道への不徹底な状況の反映でしかない。当人の人格に取り本来的なことへ徹底できぬのに他の何かに徹底できるはずもない。本来的なことへ徹底していくのが最も徹底していき易い道である。つまり本来的なことならそのために生命を失っても厭わないから。これは人間一般についていえる。誰しもそうであろう。

　以前は例えば片極集中の如きに随分反発を感じていたが、それほどでもなくなってきた。現在のこの世はいずれ消えるであろうから。このことが単に理論的にではなく当人自身のこととして分かってきたことが背景にあろう。当人としてはそんなこととは無関係に神への信仰を明らめる仕事をしておくだけである。神的世界、来るべき世界——こういう方向へ今まで以上に当人の心が移っているといえる。こういう問題から心が自由になってきた。泰然自若でありえよう。終末には東京もパリもロンドンも消えてしまう。キリストを信じる者は今既に終末時点に立っている。現在完了形で立っている。そこで終末に立っている眼差しで今すべてを見ている。どこまでもそういう点に立ち当人に託された仕事を遂行する。自我崩壊して信じればその後は神のいわば兵卒になり、行動派に属す。同時に必要な研究はするが研究のための研究はしない。当人の生命自体を惜しむという思いはあえて必要ではなくなる。だが当人が現在志していることの遂行に生命が必要とあれば生命は大いに惜しむを要す。つまりそういうことの遂行する限りでのという条件付では生命はきわめて大切である。生命をただそれだけとして見れば特に惜しむべき筋合いのものではない。やはり世と戦うべきである。確かにパウロは自己存命中に終末もありうると信じていたので、「世のことにかかわっている人は、かかわりのない人のようにすべきです。」（第一コリント 7.31）という。だがアウグスティヌスやルターはどうか。パウロのおかれた状況とは根本的に異なる。そこで前者ならパラティウス論争などが生じている。教会の中の世との戦いは不可欠である。後者も教会の門へ質問状を貼り付けた。つまり世との戦いが生じた。現在は民主主義の世界なので体制自体との戦いは生じない。信仰

的には許容しうるそういう体制にもかかわらずそのうちに存している世の君との闘争が信仰の戦いとして浮上する。つまり具体的には良心的判断とは矛盾することを推進しようとする同和的組織もその一つであろう。

　真のグノーシスと一になった今、それ以外のことはすべて手放しえねばならない。さもないとそうなったとはいえぬ。「畑の中に宝が隠されている。見つけた人は…持ちものをすっかり売り払ってその畑を買う」（マタイ 13, 44 以下）というイエスのことばを思い起こさせる。手放すという以上対象物を見た後でではいけない。見ないままでそうできねばならぬ。そうあって初めて手放したといえる。この点はグノーシスのリアリティという点からきわめて大切である。それはただ単に理念的なものであってはいけない。是非日常生活の中でその英知が生きるためには具体的なものとそれとが入れ替わる、交換しうることが不可欠である。今現在当人にとりリアリティを持つものと交換ができてこそそういう英知が生きている。つい最近当人の心の中に注がれたばかりなのでまだ弱い力しかない。次第に成長するであろう。

　真に神を信じる点に至っていれば実践していようと思想的仕事をしていようと、そういうことには囚われない心になっているのではないのか。分業という現実に耐えうるのではないか。現代では一人で何もかもできる状況ではなくなっているから。またその状況に耐えなくては、そういう信仰は現代の世では生きえぬものとなっていよう。かくて問題は当人がそういう信仰へ至りえているか否かである。だが信じているとはどういうことなのか。まったくの平安に達していることなのか。不安も疑問もまったくないのか。たとえ当人が霊的な特殊な体験をしてもそれが神に直接するとは信じ得まい。そういうものがあってもなくても心の安きという点からは同じである。現代では多くの人がそういう心境ではないのか。すると例えばアウグスティヌスの時代と異なって心の安きに達することを求めること自体が無理なのか。時代状況の違いによって信仰も変わるのか。そうであるほかないのか。人格的完成との観点からは物的世界とか大小長短広狭遠近などは無意味である。ローマ 7, 25 を見ればいかに彼にとって人格の完成が最大の関心事であるかが分かる。しかもそのことと世に対して死んでいることとが当然関連している。そこでこれら二つのうち一つが欠けると死においてキリストと合い見えることが人生の希望となる事態は生じない。そこでどんなに小さい事柄でも人

格の完成という点から深く反省せねばならぬ。日常生活の中でのどんなこともおろそかにはできない。こうして日常生活へ深く沈潜していくことがただ単にそれに留まらずそこを突き抜けて人格の究極の完成という死後、あるいは終末への希望へと連なっていく。こういう意味でも倫理と信仰とは深く結びついている。

　キリストという存在を信じるのでその点に留まらずそこから新たなる積極的生き方へと出て行く。今までは当人側での不徹底ばかりを気にしてきた。だが例えば信じる内容、アダムのことなどが明確でなくてはと思われてきた。fides quae creditur がしっかりしないと、fides qua creditur もしっかりできない。世の一切から心が自由になり来るべき世へ心が移っているような当人自身のあり方が心の中に浮かんできた。このようになってきたら今までの経過から見ても遠からず当人はそこへ至りつくであろう。外国へいった場合を考えても危険なことは避けようとするのはよいが、むしろ積極的に出て行ってそれでもなお生命が無事であるとき神のインストルメントとなって帰国し仕事ができよう。それぐらいの決意を要す。だからといってあえて危険なところへ出ていかなくてよい。その必要がある場合にはくじけてはいけないとの意である。そういう決意には当人の生命と信仰への思いとを交換することである。つまり生命より信仰を優先するのである。こうして初めて信仰の世界へ入る。自我が消え死が忌避すべきものでなくなると、当人は世にあって心安きを得る。するとこの世界以上を求める必要はなくなる。そこで来るべき世界のイメージを描くことも不要となる。またできることでもない。この世界が神の創造したものである以上その中で世の光として生きるのが課せられているただ一つのことである。世に対し死んでないと世がかえって当人がそこで心安きを得つつ生きる世界になってこない。信仰の究極に至るには生命を捨てる覚悟で何か信仰に関係あることをせねばならぬ。そういう点例えば信仰のためとはいえ当人が特別行きたくない外国へ飛行機で行ってもあまり意味はない。やはりそこへ行きたい、そこのものを見てみたいと思ってもいるところへ行くこと。見たいという世俗の欲求を捨てるという目的があるからである。パウロも「死ぬことさえも、わたしは覚悟しているのです。」（使徒言行録21, 13）という。やはり信仰に何らかの関係をしていることのために生命を捨てる覚悟をして関わっていくことを一度はせねばなるまい。また信仰に関わる以外のことで生命を捨てても、という覚悟をする気にはなれまい。パウロの場合も伝

道のためということだった。当人の世俗界への欲求を捨て信仰の務めへさらに深く入るためである。人は世に生きて種々のものを見ている。そこで人がそういうものに目を奪われずに心を神へと向けうるには、そういう次元を現している人の目に触れうるものを見ていることが不可欠であろう。そういうものとして地上のキリストが存している。

かくてそれの研究は必要となる。仏教とキリスト教の関係の研究と共に。パウロは「肉に従ってキリストを知っていたとしでも、今はもうそのように知ろうとはしません。」(第二コリント5, 16)というが、存命中に再臨があるかもと信じている状況でのことである。現代では終末は無期延期である。状況がまったく異なる。現代では反対に肉によってキリストを知ることが逆に必要であることとなろう。当人の使命が帰国後仏教的思想の研究も行いそういう世界への伝道も視野に入ってきたことに応じて、無事この留学を全うしうるよう主が導いてくださると確信できる。やはり使命全うしうるよう使命ある人間を守ってくださるといえる。使命と神とは一であるから。

第 5 章

狭 き 門

　キリストでも唾を吐きかけられている。屈辱に耐えている。昔の人のいうようにできぬ堪忍するが堪忍ということか。だが当人の良心はどうなるのか。先が見えているので、良心はそういう状況の中にあっても維持されているといってよいのか。キリストは十字架についた。これ以上の屈辱があろうか。今までわが身のことへと目が向きすぎていて主の啓示を見るのを忘れていたようである。神の子が世にあって世の支配者（究極的にはサタン）の下で十字架刑を受けるのだから。この啓示を見ていれば人はどんな屈辱を受けても耐えうるのではないか。

　狭き門とは当人の十字架を負うことである。今までは自己の良心を大切にすることばかりが頭の中にあったようだ。このことをさえ手放すことが必要なのかもしれない。そうしてこそそこへ主からの霊が宿ることとなる。キリストを信じること自体の中に屈辱克服をしうるだけの力が秘められている。キリストは十字架の後復活させられているから。キリストさえ信じていれば世にあってどんな扱いを受けようとそういうことはどうでもよい。キリストの力が必ず世の終わりには我々を生かしてくれるから。踏み絵でこけるもよし、こけぬもよし。そういう自由があってこそ本当に世にあっての自由である。大死一番大丈夫も同じことをいっていよう。当人の良心を自力のみで守ろうとするとそれこそ救いは欠けよう。今までの当人にはいまだ“守り”の姿勢が強かったのであろう。これを捨てきらねば攻めの姿勢は出ては来ない。何をも放棄という態度のうちには当人の良心への固執の放棄も入り、そうして初めてキリストの十字架と同一地平に立てるのか。だがこれではキリストへの固執をも結果し、自身の十字架を負うことが欠けはせぬか。良心だけは例外ではないのか。扉を押し開かねば無限の世界は開かれない。しかるにそれには抵抗がある。他のものすべてを捨てる覚悟である。こ

こでは抵抗が激しいほどそれを押しのけて扉を開いたときの風はそれだけ益々涼しいであろう。あの狂気的人間たちの画策を乗り越えて開かねばならぬ。抵抗が激しいほど開くエネルギーもその分大きく必要である。また後で開かれてくる世界もそれだけ雄大であろう。抵抗の大きさに解放、開放の大きさは比例する。日本の八百万の神には人が造ったものだという一面がありはせぬか。現世利益ということがこれに関連している。キリスト信仰にも人が人として救われるという意味で人間的側面はある。この点で八百万の神はキリスト信仰での人間的側面に当たろう。しかも神のインストルメントという面がキリスト信仰には加わってくる。こう考えると、包摂的とはキリスト信仰の人間的側面についていわれることなのか。他宗教の場合にはインストルメントという面が欠け人間的面ばかりが見られている。だから他宗教の信者である場合、人間的面は既に見られており、その点はそのままでよいのであってそれをそのままにして神のインストルメントという面について学ぶことにポイントがある。こういう点を理解した上でならキリスト信仰の神を例えば天理教の神に置き換えても支障はないであろう。にもかかわらず他宗教、つまり別の名で神を信じているという理由でそういう人々を排するのならたとえキリスト教の神の名の下にであっても人間的主義的方向へ偏する仕方で信じている人々をも排せねばなるまい。そういうことをするのならルター主義の信仰をも排するところまでいかねばなるまい。

　一方、そういうことをせぬのなら、つまりエキュメニカルに考えるのなら天理教の神という名において神を信じている人々をもエキュメニカルの名の下に包摂せねばなるまい。ただ排するのではなく神のすべての側面を知らぬ人々を啓蒙することが大切であろう。キリスト教というレッテルさえ貼ってあれば中身は何でもよいのなら天理教の神という名のレッテルが貼ってあっても中身がキリスト信仰に近いのならそのほうが神の御心に合うのではないか。名ばかりキリスト教では何にもならない。そのほうがむしろ悪質であろう。当人自身のこととして信仰を考え抜くことをせずに安易に信じたつもりでいて、しかも他宗教をただそれだけの故に排斥するほどキリスト信仰的でないものはないであろう。こういう当人の判断は信仰という問題を当人自身のこととして考え抜こうという姿勢と切っても切れない関係にあるといえる。旧約の歴史は信仰の民が信仰からそれたことへの裁きの歴史であろう。異なる宗教の民へは裁きはないともいえる。だからキリ

スト信仰は他、異へは原則として包摂的である。

　一方、自己内での他、異に対してはきわめて排撃的であるといえる。ところが今のキリスト教会はこれが逆になってしまってはいないのか。そのことと信仰のバイタリティがなくなることとが対応している。内では非寛容であり、外へは寛容であるべきであろう。天理教の信者をキリスト教外のキリスト信者とすれば、いい加減なキリスト信者はキリスト教内での異教徒ともいえよう。キリスト教内の異教徒がキリスト教外のキリスト信者を排斥していれば笑われ責められるべきはどちらのほうであろうか。目くそ鼻くそを笑うでは済まされない。神からの責めはどちらに下るであろうか。日本の場合八百万の神がいるのだからキリスト教がそこへ入るには自己自身をまずそういう神の一つへと身を低くせねばなるまい。あくまで俺はそんな神々と一緒にされては困るという姿勢で高踏的態度を採り続ける限り日本人の精神の中へ入りえぬであろう。そうして入った後に内側から日本人の精神を変革する態度に出るべきであろう。そうではなく最初から内へ入らずに外から変革しようとしてもとてもできまい。

　キリストの受肉にしてもそういうことがいえよう。自ら身を低くして人間世界へ降りたもうた。そうして初めて人の心の中に入りえた。だがこういう態度に出るにはキリスト信仰と当人の実存とが一枚になりきっていることを要す。少しでも溝があるとそこへ別の宗教が入って来はせぬかという不安が付きまといそういうことはできまい。内村鑑三のように単純に信じる信じ方では外来の信じ方はそのままなのでやはり排撃的である。だからこういう信じ方にはなっていない。やはりここには自己反省的に信仰を反省し実存と信仰とが一つになってしまったような信じ方でないといけない。単純な信じ方はやはり直輸入であって受け売りの域を出てはいない。信じることが即自己へ囚われなくなることになって初めて八百万の神の中へ降っていける。そういう神々の中へその神々の中の一つとなっていくことによって他の神々との区別のつかぬincognito な姿になる。ちょうどイエスが人の間に降って人と区別がつかなかったように。だが復活によって人との区別がはっきりした。同様にまずキリスト教は八百万の神々の中で一度死なねばならない。そうして初めて神々の中に受け入れられる。その後で復活すればよい。それによって他の神々とは異なることがはっきりする。自己が生きよう生きようとしていては人々に受け入れられまい。死なねば生まれ得ない。蒔かれねば

生えない。現代までの日本のキリスト教はあまりにも自己が生きようとしてきたのではあるまいか。死んでいない。キリスト教自体がイエス・キリスト的ではない。「イエスの生き様・死に様」的ではなくなっている。今の日本（諸外国でも同様だが）のキリスト教にとってはキリスト教としての自我の否定を要す。キリスト教にある自我が一度否定されねば日本へは受け入れられないであろう。今まではキリスト教は自分の自我を主張してきた。つまりキリスト教によってでないと救われないとかキリスト教の独自性がどこにあるかとかということをいってきた。今後はそういう自我をまず捨てることから始めねばならない。キリスト教は無我にならねばならぬ。無我化を要す。

　今までは自己自身のこととして考え抜いていなかったのでそういうことができなかった。学者的な当人自身の中に生命のない解説的仕事は仕事としては二流、三流以下でしかない。当人自身の中に生命のある如き他の人々を待って初めて成立する仕事だからである。後者の人々なしでは成立しえぬ仕事でしかない。つまりそれ自身において独立的で自存的な性格のものではない。他に依存して初めて存しうる仕事でしかない。

　人には罪があり、たとえ失職する場合でもそれは自ら望んでそうなっているのであってはならない。どうしてもここには"自己の意に反して"という契機が不可欠である。失職とはいえ怠け癖ゆえにこんな仕事は嫌だという理由で辞める場合もあるから。そこで昔から神の召命は本人が望んでではなく、そうならざるを得ぬという形でそうなっていくものとされるが、その点がよく理解される。意に反してという要素があればこそ罪を清める効果も備わっていよう。神の国への待望だが、今のこの世が既に天国になっていることに基づいていわれる。すべてから解脱するときこの世は天国である。仏教でいえば浄土である。穢土のかけらもない。既に来ている浄土、天国に基づいて初めて天国待望もいわれる。仲間内では最悪の状況の中で骨を埋めると腹の決まったことはその状況が天国、浄土になったことを意味する。俗にいえば住めば都ということか。キリストの声が何らかの行為、言動の指示を内容とすることからして、キリストの声を聞く体験が禅のように解脱してしまい平静な心理状態にあるとは思えぬ。つまり声を聞いても、というよりその声自体が当人を行動へ駆り立てる原動力になっていく。声は平静と同時に行動を作り出す。だからどこまでいっても平静に達してしまうこと

第5章 狭 き 門 *107*

はない。かくてよりよい状況にあればよりよい仕事ができるのにという気持ちは
いつまでも続く。パウロのいう「この使いについて、離れ去らせてくださるよう
に、わたしは三度主に願いました。」（第二コリント 12, 8）という心情もこうい
う観点から解すべきである。キリストの声を聞くという特殊体験は平静ばかりで
なく当人の心を支えている。平静ばかりならそういう体験は新たな行動へは不要
であり、邪魔にもなろう。だから先の箇所でいう肉体のトゲを除くよう祈った
ことと当人がもう少し時間があればという思いとは同質であろう。今すぐ心が天に
帰るにはそれ相応の犠牲を払えばこそである。かくて転職が反古になることを要
すとも考えられる。定年になって世俗組織から離れてもそれでは犠牲を払ったこ
とにはならぬ。今世俗組織から離れてこそそうなる。だからまたその分信仰、心
の天への帰還へも効果大といえる。死刑執行を待つ死刑囚の如きでもある。失業
すれば一気にそこまでとも思うが、何も急がずともよい。数年後に退職すればそ
うなろうから。それまでは世に留まって思索することが当人の使命である。神は
おそらく老人になるまで神の子を見るのを待たせていた（ルカ 1, 7 以下）では
ないか。たとえ何がどう決まってもそれは神の決定したことと信じること。人の
判断は無関係である。ただ単に間に入ってきているに過ぎぬ。いわば傀儡政権の
如くである。人間間にそういう政権はありうるが、傀儡はすべて神の傀儡なので
ある。人は見えているが内心は見えない。反対に神は見えていないが人の内心に
は見えている。これはすなわち人の心が可視的世界に留められることなく不可視
的世界へ届いていることの反映である。ここには当人と神との関係が存するのみ
である。

　一方、当人と神以外の他のものとの関係はあってなきが如きである。神との
関係は反対になきが如くにしてあるものである。神、キリストへの信仰の有無
によってあるものとないものとの関係がいわば逆転している。大学から疎外され
ては当人の才能まで埋もれてしまいつつある。そういう極みにおいてキリストを
見るのではあるまいか。宝が失われても研究が無傷ならそれが今度は宝となろ
う。それさえ失われることを要すのか。こういう地獄の中での苦しみでただ単に
大学から当人の気持ちが離されていくのでなく、この世全体から引き離されてい
く。大学とは当人にはこの世の代表として映っている。だからそうなる。そうい
う苦しみの結果イエス、パウロのような人々がより身近に感じられてきた。苦し

みが両者と当人とを引き付けていく。両者が何か当人を呼んでくれている感じが
する。この世のリアリティが失われるほどその感じが強くなっていく。人格的要
因が欠けている場合はこういう仕方でイエスが当人を呼ぶという具合にはならず
禅での空という立場になっていこう。このことはまた神がいわば我々に手付けを
与えていることをも意味する。そうなるほど手付けもまた大きくなっていく。こ
ういうものの感じ方は世界観の古今には関わらぬ。それがどういうものであろう
とこの世を超えたものだから、それについての世界観の内容には左右されない。
かくて古今東西を問わず福音は現世のリアリティに固執している人にとってはリ
アリティを持ちえぬが、現世のリアリティに疑いを持っている人には古今東西を
問わずリアリティを持っている。

　要は古今東西の問題ではなくて現世のリアリティの問題である。苦しみ、恥
を受けることがなくてはならぬ。これは罪との戦いだから。それを欠くとは戦い
の停止を意味する。しかも停止しているところでは当人が神により近づくことも
停止である。かくて当人がそこまで行こうとしての苦しみが終わったら、異教的
世界の中で苦しむ、恥を受けることを欠き得ない。単に研究するのみでは苦しみ
はない。そこまで行ける前にしろ、後にしろ同様である。研究といういわば中
立的、無記的世界にはそういう苦しみはない。つまり神へさらに近づくという契
機を欠く。かくて別のところで苦しまねばならぬ。そこで実践を是非やらねばと
なってくる。しかもより神へ近くという契機を欠くことは信仰自体の停滞を意味
する。いつでもどこでも福音を語り得る存在になることがすべての人の目標であ
るべきであろう。途中から評論家になってみても仕方あるまい。先の目標に立っ
て考えれば、大学への転職があってもなくても場所がどこにいようと、有意差は
ない。与えられ備えられた状況の中でやるだけであろう。そういう存在にならぬ
限り、当人の人生へ思い残すことのある人生になってしまう。いかにすばらしい
研究書を書いてみても当人自身がそういう存在になっていなければすべては無駄
ごとでしかない。

　見物精神のような好奇心脱落にはある程度そういう欲求を満たすほうがよい
のか、あるいはそれなしでも可能なのか。どちらともいえない。むしろそういう
次元の問題ではないことはないか。満たすにしろ満たさぬにしろ、そういう問
題とどれだけ真剣に抗うかが大切ではないか。満たす満たさぬはどちらでもよ

い。たとえ満たしても好奇心根性の根は断てぬから。つまり当人の究極目的とそういう根性とを比べてどっちをとるかという厳しい選択になる。こういう崖っぷちに立たされて考え抜き、悩みぬいてその難題を突破できよう。帰国までにはこれを解決できそうである。雄大な自然を見たいという場合も人の構想力が作用してはいないのか。確かに雄大ではあろう。だが構想力が働きかけねばどうであろうか。それほどまでに人の心を動かしえぬことはないか。たとえどんなに雄大といっても宇宙から地球全体を見るのに比すれば大したことでもあるまい。かくて自然の雄大さ自体よりむしろ人の構想力が禍してはいないか。かくて人がここを突破したければ敵は自然の雄大さ自体ではなく当人自身の構想力ではないか。客観的に雄大なものが存するのではない。その都度人が何かを雄大と決めている。雄大というものも実は人の心の中に存するものである。より雄大なものが現れると人の心はそちらへと動く。それまで雄大とされていたものは忘れられる。心の側に原因はある。人の心の中に見物根性があるので、それがある場所を雄大と決めてそこへ心を向けるように仕向けるだけである。だからここの突破にはそういう心の根を絶つしかない。それには2つの問題について考えることしかない。つまり雄大な自然を見てもその後で必ず一抹の空しさに襲われる。これは分かっている。だからわざわざ見に行こうとは思わぬ。特に現在のように著書を書く準備に入っているときには。こういう仕事が一段落して気分転換に行くのならそれはそれとして行ってもよいが。著書を書くという重要な仕事をせねばならぬのだから見物的なことは今はあえてしようとは思わない。だがこれでは不十分である。たとえ気分転換でも遠くへ行けば疲れを招くのでできるだけ近くでの気分転換を考えるのでなくてはならぬ。こうなって初めて切れている。だが雄大な自然については未経験のまま放棄せねばならぬ。一つぐらいは、最後の一つだが、そういう仕方で捨ててもよくはないか。そういうものがあってこそ信仰が当人の血を流した証となろう。自己を捨てることのしるしとしてそういうことが不可欠ではないか。こういう考えでは雄大な自然と心との繋がりは切れていないままになっているが。やはり駄目か。それらの関係が端的に切れることを要す。雄大という点では日本の阿蘇の外輪山もそうである。こういう種類のものでは世界的にも例がなくはないのか。フィヨルドにしろ、グランドキャニオンにしろ各々異なった種類の雄大さがあるのではないか。人の言説や宣伝によって煽り立てられていると

ころがある。客観的に見れば人が思うほどでもないのではないか。構想力によって余計にそう思わされていよう。自分の目で見てないので雄大と聞かされると、どれほど雄大かと想像をたくましくしてしまう。罪なのは人の構想力のほうである。火星には1万mの切り立った山もあるという。風化しないから。雄大なものは世に限りない。

　というのも当人が真にそこまで行き着いていれば何をしていようと、一挙手一投足がすべて実践という意味合いを持ってくるから。そういう意味を持たぬ言動は当人からは一切出てこないから。そういう性格を持たぬ行為は当人には不可能なのである。生きること自体がパウロではないが、キリストであることとなる。かくて生きること自体が実践ということ以外ではありえない。意図的、意識的に実践しようとしなくても自ずから実践になっているほかはない。そうして初めて真の実践になる。意図的に実践しようと思ってもできはしない。パウロは「見えないものに目を注ぎます。」（2コリント4, 18）という。社会的活動をすることでこういう方向へ心が動く状況が生まれよう。

　社会的活動に当たっては自己の世におけるものを犠牲にすることがさらに生じよう。その過程で不可視の物へ目を注ぐことも生じよう。こういう活動は自己が如何に罪、死の社会から離れているかを思い知らされることを意味する。社会から遊離していることを知らされるほど自己はますます天へと目と心とを注ぐ。事実パウロはそうなっている。社会活動ゼロなら先のパウロの言葉の如き告白を自己の口から発するのは無理である。だがもしそういう活動をすれば必ずそういう告白をできようと確信できる。

　世からの汚名の話だが、汚名を着ても着せられても仕方ないのではない。汚名をきるぐらいにやらねばやったことにはならない。汚名をきるのを恐れることはサタンを恐れることではないか。汚名をどれだけ着せられるかによってその人の"キリストのものである"性質が計られるべきである。汚名を恐れるようでは主の十字架を負うことなどできない。もっとも汚名をきること自体が目的ではない。それはあくまでも止むを得ざる結果である。かくて汚名の大きさに目を奪われてはいけない。やはり本来の仕事である"信仰を問うこと"の成果のほうへ目を常に向けていなくてはならない。避け得ざる汚名は喜んで着ろである。汚名回避は信仰回避である。信仰を問うとき、そのことがまったくの個人として十全なこと

第5章 狭 き 門 *111*

ができれば、あるいは汚名ということは起こらぬかも。しかし現代の如く組織化
されており、自分のたまたま居る組織の目的と必ずしも合致しない生き方をする
と、汚名を着ることは避けられえまい。しかも信仰を問うことについてもそうい
う組織から外れてしまっては、そういうことをなしえぬとの状況があろう。その
上、汚名を着ることと究極的真実を生きたという満足感とが一つである。

　汚名とは美名ということ。双方の区別もしないわけにはゆくまい。普通とは逆
の内容になっている。普通の汚名は本人にとって負担になるものであろう。だが
ここでの汚名はまったく負担にはならぬ。むしろ汚名が大きくなればなるほど逆
にその汚名は本人にとってかえって軽くなっていくような性格のものである。小
さい汚名ではかえって負担になりかねない。自分というものがどういうものか自
分ではっきりと認識し得ぬが、大きい汚名になってくると、それは本人に自分が
どういう人間かについての認識を与えることとなるので、本人にとりかえって軽
くなっていこう。本人の本性と汚名の本性とが一つであるときには本人には重く
はない。こういう点からしてやはり普通の意味での汚名が重いとは、人は元来悪
いことをするようにはできていない、悪いことをすると反省してしまうという本
性にあるためであろう。

　仏教の世界では信じたために汚名を着るということはないのか。仏教界という
仏教の内側での争いのためにある宗派が汚名を着せられることはあろう。一般社
会から汚名を着せられることはないのではないのか。キリスト教ではどうか。イ
エスはユダヤ人全般から裏切り者呼ばわりされることとなった。なぜか。なぜこ
ういう相違が出てくるのか。自分の十字架を負ってわたしに従えとかわたしは
父と子を仲違いさすために来たというような言い方をする（マタイ10, 38、ルカ
12, 53）からであろう。世に争いをもたらすところが避けられないから。そうな
ので汚名を着るという事態も生じてくる。個々の人の心には正しく生きようとい
う気持ちがあってもそういう人の生きている社会はどういうわけかあくまで正し
く生きようとする人々が報われるようにはできていない。仮にそうなら世をサタ
ンの支配下にあると表象する必要もあるまい。汚名とはサタンに着せられている
ともいえる。人々から着せられているわけではないとも考えうる。

　迷った際は厳しい道を行けという教訓は大切だ。狭き門より入れ（マタイ7,

112　第1部　世にありて

13）である。滅びにいたる門は広い（同上）。出口がどこにあるかも分からぬ道
へ入っていくのもなかなかの味ではないのか。こういう道を行こうとすること
で、その分、心はさらに清められよう。信仰以外のものを脱落させることとなる
から。求道者の心意気もいいが、ギラギラしていたのではダメだ。底光りのする
ものでなくては。こなれていなくては。消化不良はいけない。清水の舞台から神
の支えを信じて飛び降りなくてはならない。応えうると思えばこそ神は試練、機
会を用意されている。人はそれに応えるだけの義務があろう。すべての他の事柄
以上に信仰自体の前進を優先せねばならない。

　キリスト者にとっては一生涯試練が続く。例えば集会をするということで放課
後待っていても誰も来ないとしよう。そうなればなったで自分自身の信仰が前進
するのではないのか。世からそれだけ心が離れるから。自分の心は天に近づくこ
ととなろうから。自分の心が天に近づくという点から逆に考えると人が来るより
来ないほうがよいこととなる。自分が世にあって如何に無用の長物かを知れば知
るほど心は天に近づく。その上伝道的なことは世の権力の保護の下においてでは
なく、いわば余分のこととして実行せねばならない。保護下では自分が天に近づ
くこともない。

　自分が神の救済史のインストルメントであるという自覚のみが自己を人とし
て立たせてくれる事柄である。これ以外にはない。信仰外の世の人々はいうに及
ばず信仰内の人々さえ自分を理解しないことから由来する苦しみを通して信仰を
言葉にするためそういう苦しみを苦しんでいる。たとえ生存中に人が理解せずと
もいずれ神は自分の著書を利用するように計らい給うという信仰が不可欠であ
る。どんなに苦しくともそこにこそ聖霊は宿るのだから決してそこから逃げては
ならない。苦しみのないところには聖霊の助けもまた不要である。逃げるところ
かむしろ自分から進んでそういう苦しみを求むべきである。苦しむほど自分が武
田薬品工業株式会社を辞めたときに志した場へと近づいている。苦しみを避けれ
ばそれだけ目的から遠ざかってしまう。こういう気持ちが心の奥にあるので、自
分が苦境に陥りそうな状況になってもあえてそれを避けようとはしない。今やっ
とその点に気付いた。虐められれば、そうされるほど自分は自己の人生の目的に

第5章 狭き門 *113*

近づいている。目的に近づく、すなわち神へと近づく。虐めることはまったくの逆効果なのである。周囲の苦しむがよいという思いが逆に自分を神のほうへ押しやり強めている。他人の虐めることに対してもっともっとという具合に挑戦的態度を採り得ればもはやそこにはストレスは存し得ない。すでに虐めは克服されている。完了形である。こう考えてこそ、考えていない場合に比し何倍、何十倍も耐えることができよう。既にこう考えて全苦悩を克服済みだから。たとえどんな苦しみがやってきても主とともに必ず乗り越えられよう。そうなったとき本当に「キリストが私の中で生きておられるのです。」（ガラテヤ2, 20）といえよう。主と自己とはもはや二ではなく一である。どこまでが主でどこからが自分か分からない。あるいは逆にどこまでが自分でどこからが主であるか分からない。区別できない。というよりもはやここには自己というものは存してはいない。キリストが端的に生きている。キリストは元来人格的存在なので通常の人間同様にこの自己のうちで生きている。人が自分を虐めれば虐めるほど自分のうちに生きる霊の炎へ油を注ぐこととなる。虐める行為の対象になる如き"私"というものはもはや自分のうちに生きてはいない。代わって霊が生きている。そこで霊はそういう虐める言動を食べつくそうとして益々働く。何かを食っていないと霊の火が消えてしまうから。

　燃料がなくては火は消える。これは当然である。そういう点から是非とも燃料としての虐める言動、世からの蔑み、晒し者にされること――これらを要す。欠けていると霊主体の自己同一的世界の中に生きることとなるので、霊は燃える必要がなく自ずから火は消えていくしかない。「弱いときにこそ強い」（第二コリント12, 10）とはこういう事情をいう。たとえ霊がうちで生きていてもパウロもいうように体には別の法則がある（ローマ7, 23）。そしてまず体を支配し、さらには心のほうへも触手を伸ばそうとする。そこで霊は逆にまず心を支配し、さらに体へも支配を広げようとする。ここに霊肉の争いが展開される。彼も「打ちたたいて服従させます。」（第一コリント9, 27）という如くである。

　預言者なども神の言葉をそれをそれとして語る。民に向かって語りそこから得られた何かに基づいて、さらにそれに対して返答するというのではない。やはり神の言葉をそれ自体として語るのが基本である。そこからして信仰をそれ自体と

114　第1部　世にありて

して語っていくことでよくはないのか。人が聞こうが聞くまいが、それでよくはないのか。かくてやはり孤独に耐えて信仰を折に触れて語るのが仕事であろう。それ以外にはない。人が集まったりするものではない。旧約の預言者を見ても分かる。

　自分のこととして信仰を問いぬかなくてはならないことは誰にでも分かっているはずである。だが妙なことには、そういうことをする、した人が目の前に現れたりすると、どういうわけかそういうもの、ことを評価しようとはしない。思うにそれをそういうものとして評価する自信がないことを顕にしている。自信を欠くので、そういうものをそういうものとして評価し得ない。かくて既に評価の決まったものについてのものしか評価し得ない結果を招く。否、さらにそういう評価しかしようとはしない、積極的にそういう方向を自ら選ぶのである。かくて試されているのは評価される側ではなくて、評価する側といわねばならない。問いぬこうとすることを評価しえぬことは自分のこととして考えようとはしていないことを暴露している。こういう状況下では信じることとは何かを自己の実存の問題として問う者には孤独であることにはどこまでも耐える以外に道はない。結果、かえって気持ちは落ち着いてこよう。貧乏根性もさらりと捨ててしまう必要があろうから。実践するにしろ、深く考えるにしろ、たとえどういう道を行くこととなってもただ一人自分の行くべき道を行くことは変わらないことである。そうであることと主がその心に宿ることとは一つの事柄である。他の人々の理解を求めてはならない。心の奥底で孤独に耐えるところにこそ本人の人としての誇りという契機が存している。なぜならそれ以外のところでは何らかの意味においてすべてを犠牲にしているから。孤独を伴う信仰の生というところに本人の生のすべてが結集されている。こういう事情は真に信仰を問う人には誰にでもごく一般的に妥当することである。本当に信じたら即実践となるのであろうか。本当に信じたら実践にすらならないのではないのか。職業化し得ないのではないのか。こういう事情に関連するが、神のインストルメントであるには体制から疎外されていることが不可欠ではないのか。このことは人並みの条件の中では仕事をなしえないことを意味しよう。もしそうでないのであれば、インストルメントにはなりえていないことを顕にする。そういう状況下ではある者は益々与えられ、ない者

第5章 狭き門 *115*

はあるものまでとられるということが成就する。結果、大概の場合意欲を失って止めてしまうであろう。だが真に信仰を問う場合にはそれとは逆に益々信仰は強化され、大層にいえばいわば預言者的になっていくことであろう。ここから先は各人の資質によって道は異なってこよう。予想もせぬ方向からある一定の道が見えてくることもありえよう。

　日本では高度成長後には約9割の人が自分が中流と考えている。こうして生活に満たされている状況では人の心が宗教へ向くことは難しい。旧約でいえば、イスラエルの民がカナンに定住し繁栄していたときにも当たろう。人は神のことなど忘れている。少なくとも社会的に大きなうねりとなって社会全体を揺るがすものにはなるまい。現世に心が留められることが基本的にはあろう。だが逆に現世から目が離れるほどまでに現世に希望なき状況は現在の日本にはない。現世での悩みから宗教に心が向いてもそれが宗教によって解決したら当人の心は再び現世へ帰ってしまう。心が現世にあるという基本まで変わってしまうほど悩みが深くはならぬから。またそこまで深くならぬよう種々自分で手を講じる方法が現在の日本にはたくさんある。宗教へは最後にしか向かぬので多くはそこまでは行かずじまいになってしまう。現世に多くの人は根を持つが、その根を引っこ抜くことはいかなる方法でも難しくはないか。宗教は受難の時代である。だから現日本では宗教は体制から落伍した人間、それゆえ現世から心が離れかけている人間を対象に救うという如き、いわばどぶ掃除のようなことしかできなくはないのか。
　この点を考え合わせると、個人の救いの体験を重んじるというカリスマ運動の如きキリスト信仰が米国から流行ることも分からぬではない。現世から心が離れるのではなく、そこに心があるままで体験的な何かが欲しいところからそういうものが生まれる。経済的に繁栄している場所では現世から心が離れることが基調になるとは考えられぬ。しかもそこへ向けて宗教の伝道をしようとすれば心は現世にあるままでとなり、勢い体験的なものを重んじる方向へ行くしかない。これだと必ずしもどぶ掃除というのではなくより広い大衆的なものになる可能性がある。だから現社会へはそういう仕方で伝道すればよいのではないか。結果、多くの人が信者になれば結構であろう。そのうちいつか時が来て心が現世から離れることが叫ばれるかも。その時真のキリスト信仰へ目が開かれればよいのではない

か。神の目は人の目、神の道は人の道より高く人には見極め難いのか。親鸞が出たことは社会的、経済的にも乱れて末法の世であったからであろう。かくてその説法の中身と社会情勢とが合致していた。一方、現代では末法の世とはいえ、終末が近いとはいえず現代の社会情勢に合致しているとは思われない。少なくとも表面的には。だからそういう社会情勢の時にはそれに対しそれなりの適応をしていくほかない。そういう社会情勢にないにもかかわらずそうであるときにやればよいやり方でやってみても見当違いとなろう。多くの人が集まりもすまい。辻説法などはそういう社会情勢にあるときのやり方ではなかろうか。現世に根がありそれが基本である社会、時代では真の信仰であればあるほど受容されまい。偽宗教ほど受容されやすい。もっとも経済的に満足していれば次に心が精神的なものへ向くことはあろう。だがこれは真に心が宗教へ、根が現世から離れることとは別のことであろう。ただ単に表面的現象に過ぎまい。

　牧師の人が『告白』的なものを書くのであれば、研究者も当然その資格がある。今までそういう例がないのであえてそうせねばなるまい。そのことによって研究界にいる者も牧師の一部であることが明らかとなろう。一般には実践している者のみがその資格ありと思われており、そういう常識打破のためにも是非せねばならぬ。常識の背後には実践者のみが宗教者で研究者はそうではないという考えがある。そうではないことを大いに公表せねばならぬ。常識の背後には多くの場合学者、研究者は自己自身の問題として考える点が欠けている事実があろう。だがそれが決して全部ではなく一般的でもない。一般的であってはならない。やはり宗教はその時代の人々の魂を救いうるのでなくてはと思う。キリスト信仰へは多くの人が来るはずはないと高くとまっていてはいけない。その時代に自己の本質を失うことなく適合してその時代の魂を救えねばならぬ。そうでない宗教は結局無に等しい。伝道の仕方が悪いにしろ、内容が理解されぬ、つまり時代に適合していないにしろ——このどちらかであろうが——その時代に生きていないのではナンセンスであろう。仕方が悪いことのうちには悪い方法と熱意不足との二つがあろう。その時代に生きるよう努力を——そこまで一旦いければそれを当人として目指さねばならぬ。これしか課題はない。そうであって初めて未来にわたってその意義を語り継がれる宗教、信仰になりうる。人へ伝える点に関して一番の問題

第5章 狭 き 門 *117*

は熱意であろう。方法、仕方のうち技術的なことと熱意ということとがあるが、後者が圧倒的に重要であろう。品物売りなら宣伝が下手では困るが、信仰のようにそれ自体が人間的なことの場合熱意がすべてといってもよいほど重要である。この点に関係するが、あくまで一人でできるのでなくてはならぬ。2〜3人の集団で例えば駅前説教というのではいけまい。当人が全責任を持ってやるには一人でなくてはならぬ。内容には求道の終点において到達したわけである。すると後は熱意だけが問題である。現代の非宗教的世俗化社会とキリスト信仰とをつなぐのは伝えようとする熱意に帰着しよう。現代社会では駅前で説教をするほど、どの宗教（現世利益的宗教は別として）においても当人自身の問題として突き詰めて求道した人がいないのであろうか。徹底した求道から徹底した伝道が出てくるのだから、中途半端な求道は中途半端な伝道をしか生むまい。さらに最初から求道的でなければ全然伝道的でもない。徹底した世俗化には徹底した伝道精神が対置されねばならない。さもないと前者を信仰へ引っ張っていく力にはなるまい。拮抗する力にはなるまい。

　一般的にいってこれが現代でのインストルメントたることだと普遍的概念規定はできないであろう。この点は古代から現代まで変わらぬ真実であろう。こう考えてくると、平凡なところへきてしまう。要はこうするのがそれであると決めてそこへ自己を合わすのではなくて、その都度自己がどうすべきがそれであるかを祈りにおいて問いつつ一歩ずつ進んでいくのがそれであることの一般的、形式的あり方であろう。たとえ実践していてもそればかりしていてよいと思えるか否か分からぬ。研究をもっと本格的にやらねばと思うこともあるかもしれない。そう感じればそうするのがそれであることを意味する。また実践していてもそのまま続けるのか別方面へ展開するのか種々問題は起きてこよう。かくてその都度問いつつ進む以外にない。かくてこれで完全にそれになりきっているという完成、完全というものは人間にとっては永久にない。つまり人間が未完成であってどこまでも完成を求めていくところに信仰の重荷というものの一性格を見うるであろう。

　一方で、現代では真の信仰への迫害する力さえなくなっていることは決してそれが受容される素地ができていることを意味しない。これは現代が現世中心の

118 第 1 部　世にありて

時代であることと無関係ではない。真の信仰を叫ぶときでもキリスト教界に対し
てとそれ以外の一般社会に対してと 2 つの場合を考えうる。前者が動脈硬化して
真の信仰が迫害、排除されれば後者へ向けて真の信仰をアッピールすることとな
ろう。それ以外にはない。例えばルターもキリスト教界から追われて一般人、当
時の独ブルジョアジーに対してアッピールした。一般社会は必ずしも空間的、場
所的に区分けされてはいない。同一地域の同一のキリスト教的社会の中での一般
人、一般信者ということもあろう。ルターの場合そうであった。日本などでは場
所的にも非キリスト教社会があるのでやや趣を異にしよう。また反対にキリスト
教界が真の信仰を受容の場合はキリスト教界全体がそれによって養われ非キリス
ト教界に対して伝道することとなろう。こうして非キリスト教社会はキリスト教
界がどういう状況にあるかで二様の働きをすることが分かる。ルターの場合でも
あえて宗教改革をしようと思っていたのではない。真の信仰を既成の教会へアッ
ピールしたが受容されず図らずもそういう結果になった。かくて伝道についても
個人としてどうするかとキリスト教界全体としてどうするかという二面から考え
るべきである。真の信仰を叫ぶ当人がキリスト教界全体に受容されれば非キリス
ト教界世界への伝道は自分個人としてすべき問題というよりキリスト教界全体と
して取り組むべき問題である。そのうちの一人として当人もそのキリスト教界の
中にあり、かくて当人が直ちにビラを配ったりマイクで叫んだりが伝道とはなる
まい。当人は研究的なことをしていてもそこの学生が卒業後牧師になれば間接的
に当人も伝道に参加していることとなろう。反対に当人がキリスト教界に受容さ
れぬ場合は自分が直接日本なら非キリスト教界に対して伝道することとなる。先
の如き行動も出てくるかもしれない。この場合自分が間接的に伝道に参加するこ
とはありえぬ。是非直接に伝道活動をする以外に道はない。ルターでも親鸞でも
そうであったであろう。かくて当人自身が伝道活動するか否かの問題でも根底に
は個人として信じることがいかなることかへの理解が存している。

　その理解の相違から自分が直接しかも最初は一人で共鳴者もなしで事を始め
ねばならぬであろう。そこで自身が直接実践、伝道に携わるか否かで個人として
の信仰内容が変化することはない。むしろ逆に信じるとはこうだというところか
ら体制が受容せぬ場合に自己一人で伝道活動せねばならなくなる。だから伝道す
るか否かで当人の信仰が深くなる、浅くなる、幅が広くなるとかは基本的には起

第5章 狭 き 門 *119*

こらない。少なくとも基本事項が変わりはせぬ。もとより実践すればすぐには人
は来ないので人へ伝えることの難しさは分かるが、それによって信仰内容が変化
することはない。イエスも「いつまでわたしは自分があなた方かたと共にいられ
ようか。」（マタイ17, 17）というが、それによって信仰自体が何らかの変化を受
けてはいない。またパウロはエペソでは野獣と闘ったという（第一コリント15,
32）が、たとえそれで信仰がより強固になっても内容が変化はしない。当時の状
況では彼に限らず一般信者も命がけで信じたのであり、こういう状況は特に彼に
限るまい。一般信者も動物と闘って信仰はさらに強固になっていったであろう。

　実践しても信じる内容の理解が変わるとは考えがたい。旧約の預言者も民衆
へ語るが、そうしてその内容が変わりはしない。たとえ人が信じなくても語るの
みである。たとえ自分が実践してもどれだけの人が分かってくれるか分からぬの
で、結局実践しても無駄と考えるのは不可ではないか。もしパウロがそう考えた
らどうか。伝道など何もできなかったのではないか。無駄をしてこそ伝わりもす
るのではないか。どれだけ無駄をするかでどれだけ伝わるかが決まるのではない
か。これはなぜか。多くの人は信仰自体を正確には分からないから。するとある
人が多くの無駄をしつつやっていると何かあるのではと思うからではないか。大
した無駄なしなら事柄自体も大したことはあるまいと感じるからか。無駄の効用
である。だが現在の大衆社会において個人としての無駄な行いがどれだけ有効
なのか。しかし逆に考えると、ある程度のことをするとそれが一気に全国に知ら
れるという面もありはせぬか。こう考えて、自分の今後の展開が訪れるかもしれ
ない。自己のこととして考え抜いた後はそれを伝えようとする無駄の中から当人
の神学が生まれるのではないか。やはり孤独に耐え本を書くのが最もしっくりす
る。たとえ実践しても自分の信じ方が大衆埋没的ではなく人は来まい。大衆社会
の手法に乗った人とそうでない人とは最初から不平等な立場に置かれている。か
くて後者が人を集めるのは無理で、勢い孤独に耐えるしか道はない。特に宗教の
ように客観的に決められず、しかもそこでは偽物がもてはやされるのだから。
　現代において必要なのは真の意味での宗教的権威である。現世利益的なことを
いったり、単純に信じて動き回るのではこの現代の混乱した状況を抜き去りえな
い。また過去のこと、他人のことを興味本位に研究するのも同様である。当人自

身が権威である如きが求められよう。単純に信じたのでは自己反省的ではない。そこで自己の信仰のどこが不十分かを反省しないので不可避的に不徹底なところが残ってしまう。当人の活動が人に知られるのを好まぬような場合もある。ただこれが謙譲の美徳という意味合いであれば無用な心遣いであろう。大いに知られればよい。明かりは机の上に置くべきである。単純に信じた場合、自我崩壊を欠くので自己への反省からかえってこういう事態が生じるのか。

　研究も実践も一人ですべてを行うような時代ではないのではないか。あるべき新しいキリスト信仰へ達した場合それの根拠付けを幅広く行うだけで一人の体力、能力に余るほどの仕事がありはしないか。現代の如き時代では宗教に限らず一人で何かあることについてすべてを行うのはもはや不可能ではないか。そういう意味では偉人とか天才とかが出てきにくい状況ともいえる。チームとか組織で全体的なことを行うようになっている。今日のように宗教が社会の隅へ追いやられた時代ではいわゆる宗教的大家も生まれにくい。道元、親鸞などを輩出した時代では人心が宗教へ向いていた。そういう時代こそ多くの宗教者を生み出そう。多くの人々の問いへ答える必要から多くの宗教者が生まれる。今はそういう時代ではない。忍耐して社会の表面に出ることもなく黙々と宗教的生命を培っていくべき時代に当たっていよう。それがやがて次の、あるいは次の次の世代で芽吹くこともあろう。

　自力でやっている限りキリストの声を聞くところへは達しはすまい。自力の尽きたところでしか主の声は聞けない。当人がただ単に聞いたように感じたのでは何にもならぬ。そんなものは自力の尽きたときには消える。自力依存では主の声は幻のようなものである。主の声を聞こうと思えば至る所主の声だらけなのかも。だがそれを主の声として聞きえぬのが実態である。心の中に自身の声が出てくるから。自分の声が主の声を掻き消してしまう。自身の声が消えて初めて主の声が耳に届く。仮に当人が実践して集まった人の内何人が自分の考えを分かったかと思うと寂しくなろうと感じるのはいまだ自身の信仰、信じ方、考え方による心の染汚の証拠なのか。真に成熟した信仰とは一人でも多く救われればそれでよいことなのか。泥佛は海に溶ける。キリスト信仰もそうあるを要すのか。実践が空しいと感じるのはまだ自己へのこだわりが残っているからであろう。それを克服して初めて真に主の声を聞き、主の姿を見うる。もしそこへ達していれば研究

にしろ実践にしろ読むを要す書がさほど多いとは思われぬ。自身が信仰の核心に近づくほどそういう書は減っていこう。そこへ遠いほど多く読まねばと感じよう。

　自分の場合、学会などへ出て行って活動すればそれが実践である。実践とは自分が神と不信な大衆との間に立つこと。いわゆる実践とは確かにこういうこと。だが学会活動もやはりこういう意味を持つ。不信な興味本位の大衆と神の間に立つことを意味するから。興味本位とはいえいくらか関心あればこそそういうことを研究しているのだから、すべての人を興味本位と決め付けてはしまえない。多くの人が興味本位なのでいけないというのなら教会へきている単純信者も本当に信じられてはいないのだから彼らも駄目だとなる。山田無文、久松真一などの書いたものを見ても皆自分が考えて達したことを敷衍して書いている。核心は極めて単純なところがあろう。自分が集団的あり方の中に同化していれば、自分が神と不信な大衆との間にいるという自覚は生じまい。これは確かなことである。だがそれがどういう意味を持つのか。客観的にみてどういう効果を持つのか。目先どういう効果があるというのではないが、常に"間にある"という自覚にあることが大切であるのか。そういう契機が当人の仕事への意欲を生むのだから。

　しかしそれだけのことなら内容とは無関係である。否、むしろそれは逆であって内容的相違があればこそ疎外されて、間にある存在となっているのではないのか。まさにそうである。だから自己内省しつつ信仰とは何かを書いていけばそれが自ずから間にある存在を実践することとなる。かくて大学内に自己の活動を限定してやっていくのは無理だ。そういうやり方では研究会や学会活動も含めて大学内での活動さえもできなくなっていくように感じられる。広義の実践へと一歩を踏み出す以外にはない。大学内でそれらを実行するのもよいではないか。これからの世代をリードしていく若い人々が宗教に無関心で倫理観に欠けるのでは困る。それには自分には一般人相手では無理なら学生に焦点を合わせての実行もよくはないのか。

　実践か研究かの選択ではない。一キリスト者として生きることが今後の問題ではないのか。そういう生き方の中からキリスト者としての思索を展開していくことが自分の仕事ではないのか。こういう考えに立つと実践か研究かというあれかこれかという状況にあるのではない。そのどちらでもない。だが同時に双方でもある。考えてみれば当然のことかもしれぬが、なかなかそういうことに思い至ら

ぬのかも。たとえ思い至ってもそういう生き方を自分の生き方として取り上げえ
ぬのであるのか。辛くて苦しいことだから。今後そういう生き方が続いてはさぞ
辛いであろう。だがやっとこういう次元に思い至ったのではないか。頭で思い至
るのは易しいが、そういう生き方を自己の生き方として生きるのは難しい。この
ように考えると、今後すべきことは無限に存在している。

　今日は本当に画期的な日だ。武田薬品工業株式会社を辞した日に匹敵する。こ
の日は世俗世界を離れ求道へ向かって出立した日である。今日は反対にその道を
行ききりそういう世界から離れる日、いわば山を降りる日である。これらの二日
は入門と出門というようにちょうど反対の日だ。今後すべきことは世俗の世へ再
び還ってそこで信仰を種々の仕方でアッピールしていくこと。これが今後の務め
である。信仰の塊がボールとなって山を下り世の中へと転がり出ていく。どこま
で転がれるか力いっぱいやってみようではないか。命ある限り止ることはあるま
い。

第2部

「天地」へ向けて

第 1 章

十字架を負う意味

　自我崩壊の場合、自己が研究の場にあっても教会の中での種々の問題へ連帯的でありうるのではないか。世俗をできるだけ捨ててインストルメントになるようにという要請に応じて、それの実行と同時に諸問題へ連帯的でありえよう。自我崩壊前とは異なる。たとえ自己が実践せずともしている人々の声を聞き理解が届きえよう。自我なしなのでこだわりがなく相手の話の中へ素直に入って行けよう。自己が牧師になってもよいと思っており相手の気持ちが分かる。そう思ってない場合には相手のいうことは分からぬ。牧師の立場で話すことを受け入れられないから。大学の教育学の専門家が教育の経験なしに教育について論じるのと同じである。この場合当人は現場の教師になる気持ちはあるまい。その限り現場の教育のことを真には理解できまい。相手のことが分かる条件として自分が相手の立場になる心の用意があること。これが連帯の意味である。自我崩壊の場合、どういう状況へも心は開かれているのでその状況へ入っていける心の用意もある。相手の心に自分の心がなっている。

　イエスは「右の目があなたをつまずかせるなら、えぐり出して捨ててしまいなさい。」（マタイ 5, 29）という。そこで世界観を問題にするのは目に見える形に囚われているからだといえる。一般的意味で見ることを退けても、自己自身が見える形に囚われてはいけない。目を抉り出して捨てるのではなくて、信仰のほうを抉り出して捨ててはならない。ゼロから問うてそこまでいけた当人が興味本位の仲間と一緒になってワイワイガヤガヤいうだけで満足できはすまい。しかもそういう人々の後塵を拝して、そんな屈辱的なことに耐えうるはずもない。絶対ない。かくて是非そういう人々とは異なるところへ出て行かなくてはいけない。それはやはり当人自身から事が発していることで分かるように独立伝道者になるこ

126 第2部 「天地」へ向けて

とである。これしかない。学会などは補助的手段であろう。夢のまた夢かもしれ
ぬがこういう方向しかない。少なくとも心の中でそういう気持ちがなくては学会
活動もできまい。こういう道がどんな失敗に終わってももうこれしかない。捨石
ということである。遠い道かもしれないが。またこういう方向以外に希望という
ものがない。大学中心で考えていては一生の終わりに来てもやはり一流でないと
ころではどうにもならぬ。社会的地位だけの問題ではないが、いくら仕事をして
も既に自己が捨てたもの以上の条件で仕事をすることがついにはできぬのでは希
望はない。もっとも希望とは世がすべてではないので世での希望はなくてもよい
ともいえる。だが現実に人として世に生き仕事する以上そういう観点からの希望
もなくては実際には仕事はできまい。学校に勤めていて貯金せず、家も持たずの
生活をして、余る金は出版や贈与したりしていると、当人が教師という地位に使
われているのでなく、逆に地位を当人が使っていることとなろう。そういう状況
では当人はもはや学校の仕事に心の中で抵抗なしの心境にあるから。何でも来い、
何でもしようという心境にあるからである。一切のものを受容する用意があれば
学校の仕事は何でもでき、地位によって当人が使われているとの意識はなく、自
由に当人側からやっていける。そこではもはや当人が学校の地位に依存して生き
ているとの意識もなかろう。

　依存しているとの意識は、その地位に対して心中で抵抗がある場合に生じて
こよう。本当ならこんなところへとかという如き気持ちがあるのにそこにいるの
で依存しているとの意識が生まれる。深く信じることは深く考えることを不可欠
とするので、自由な立場で何でも受け入れる用意があってそこにいるのなら、依
存という意識は生まれまい。そういう意識は罪の別形態といえよう。受容しにく
いものがあるのでそういう意識があるとすれば、受容しにくいものがあるのは運
命愛が欠けているからであり、それはすなわち神に一切を委ねていないからであ
る。現職にある運命を受容しうるようなることが当人の信仰の目指すべきところ
である。それが神の御心であり、ここにいることの受容は神の御心を愛すること
と同じだから。その代わり良心的次元においては京大キリスト教学教室へは一切
の妥協を排して縁が切れよう。このことはしかし当方としては先方の対応から止
むを得ずそのように迫られたことであり、それ以外に道はなかったことである。
求道の道を放棄はできなり、決して当方から望んだことではない。こういう方向

第1章　十字架を負う意味　*127*

を目指すことは死の実践ともいえる。既成の教会の牧師になったのなら興味本位の学者と同じである。開拓伝道した人が孤独な求道者と対応している、直接的と間接的伝達との対比において。当人自身の運命を一点の曇りもなく愛することができるようなることが信仰の完成を意味する。信仰を問うていきそうなっていく当人自身の運命を愛することは神を愛し、キリストを愛することと一である。学校へ繋がっている限り、それも世俗への依存であり、その限り究極を極め得ない。だが評論はできる。学校から足を洗うと究極は極め得るが評論はできぬ。二者択一である。これは当人が求道者か評論家かの試金石である。昔はこういう二者択一はなかった。寺と大学とが社会的分業にはなっていなかったから。また実証的研究も含めて評論が現代ほど盛んでなかったから。この二者択一の前で多くの人が広い門より入って滅びる。神の言葉を信じさせるのが目的なので、人の側での状況に左右されてはならない。かくて一旦そこまでいけたらごく普通の生活をしているのがよくはないか。貧しくても豊かでも人に不要な気持ちを起こさせはせぬか。人に依存した信じ方になる。ただどうしても貧しく暮らしていないと信じられぬという人は貧しく暮らすべきであろうが。

　福音と自己存在との一体化は、福音を語ることでのみ自己が生きていると認識することが前提である。それ以外のいかなる不純な要素も混入してはならぬ。先の一体化は、逆にいえば必然的自己存在が言葉になるとそれが直ちに福音となることの条件である。この点、福音を語ることのみで自己が生きることがいかに重要かが分かる。生きるために福音を語る以外の要素が入るほど、当人の存在が、それと同時にその考えが福音からずれていくのは当然である。もっとも福音を語ることで生きていさえすればよいのではない。そういう状況を真に福音的に生かすか単に職業的に受け止めるかは当人の信仰が決めることである。器と中身とが相応せねばならない。さもないと双方とも生きてはいない。自己の進むべき道についての苦しい煩悶は単なる学者に留まる限り生きては来ない。信じることの意味を実存的に問いつつ研究する学者ではいくらか生きては来よう。単なる客観的研究に比し自己の問題としての信仰についていくらかでも明確にする必要があるから。だがこれでもなお十全に生かしているとはいえぬ。道が決まらずの苦しみで信仰がより明確になったのだが、それが全面的に生きる道は自己存在と福音とが一であることを要求するような場に自己を置くことである。これしか研究とい

う点からの無駄だったことを生かす道はあるまい。単なる研究にとっては0％、実存的研究に留まれば50％、実践へ出て100％生きる。苦しみの一つひとつが全部生きる。無駄は何一つない。学者に留まる限り苦しみのうち少なくとも何十％かは生きては来ない。無駄なこととなる。無駄なこととなるような道は同時に変節ということでもある。

　屈辱、当人自身の招いたものであれ他人が与えたものであれ、いずれも究極的には神が与えたものである。それを凌ぐことこそが十字架を負った者の使命である。そうしてこそ信仰が一段と進む。かつて教室会の席でそういう体験をさせられたことがあった。存分に味わえばよい。禅でのように超然としていればそういう屈辱を味わいもすまい。基本的には世を超えているので、しかも世の中にあってキリスト信仰を述べようとするので世からの、世の中での屈辱に出会うことも生じる。かくて屈辱は禅にはなくキリスト信仰特有の事態といってよい。したがってこういう屈辱は主の十字架へと通じている。反対に世に迎合し生きていれば屈辱などは受けまい。こういう屈辱は世にあるキリスト者の特権のようなものでもある。それなしでは当人の負うべき十字架を負ってはいない。屈辱が大きいほど十字架もまた大きく重い。天国での報いもその分大きい。屈辱こそ当人のエネルギーの源泉である。十字架を負っていることこそがエネルギーの源となっている。十字架は仕方なく負っているような消極的なものではなく、より積極的な意味を持っている。十字架こそがエネルギーのもとなのでそういうものへと転換せねばならぬ。世から出ている人と世の中にある人とではエネルギーの元が異なる。「わたしは弱いときにこそ強いからです。」（第二コリント 12, 10）ということもこれに呼応している。使命達成にはたとえどんな屈辱に会ってもそれを耐え抜いていくこと。これこそが大切である。当人の周囲の世俗界は利害打算の世界、悪意とまでは行かずとも自己自身が得するようにとの原理で構成されている。

　一方、キリストを信じることはこういう法則とは異なる。かくてこういう広い意味での悪意の世界の打破なしでは福音の前進はない。善意による悪意の逆転という立場に立とうと思えば、当人自身内での相手の悪意に感応する要因が死んでいなくてならない。さもないと当人がそういうものへ感応してしまうので悪意の逆転という立場まで抜きん出ることはなかろう。またそういうことの実行ので

きるはずもない。かくて当人がそういう立場に立ちえていることは逆にいって当人自身内のそういう要因の滅びを意味する。例えば転職できぬこと、道が開かれぬことも自己の純粋さを守る姿勢に固執し不純な世界を純粋さで以って逆転していくところまで当人の信仰が伸びていないことにも起因していよう。道を開くとの必要からこういう新しい地平へと目が開かれていくことも起こりえよう。ただいくら必要といっても当人の良心が傷つくことなどはできない。かくてこれは良心の傷つかぬ範囲での妥協という如きものではなく信仰における新しい一歩を意味する。善意による悪意の逆転と世俗の権威への屈従とはどういう関係にあるのか。現在までを振り返ってみると、屈従はしてはいない。そういう要求へは常にそれを蹴るという対応をしている。だから余計に道が開かれてこない。相手が疾しいことをしてそういう気持ちを抱いているときに、その疾しい行いに対して怒り相手を拒むのではなくて、むしろ反対に善意を以って報いよとの意であろう。だがそれが世俗の権威への屈従を意味すればそうはしない。報徳学園の以徳報徳のように徳を以って徳に報いるのは当然として、悪意に対し善意を以って報いて相手の悪意を消していくのはキリスト信仰そのものであろう。

　このことも人に良心が存するので可能性のあること。やましいことを行えば人には誰しも良心があり気持ちよくはあるまい。そういう心理にある人は当然相手から悪意を以っての報いを予期せねばならぬ。それに対して反対に善意を以って報いる。相手が求道的ではない、むしろその反対である場合、そういう面をあくまで拒む仕方で対するか、あるいはそういう面があるままでこちらが受容するのか。これは自我崩壊してキリストを信じた後での重大な岐路である。拒めば相手も拒もう。結果、信じるとはこうだということは他人には伝わらぬ。

　一方、まず相手を受容する。結果、こちらの考えを受容させ次第に自己の考えのほうへ相手を導き入れる形となろう。この点では各宗教者によって考えが異なろう。後のほうがキリスト信仰の道であろう。もっとも世俗主義的なものとは一切、いかなる意味でも妥協しないという清貧に耐える道もあろう。だがこの場合も拒否する仕方で信仰が相手に伝わることはあるまい。相手をまず受容する立場の場合も清貧という事態は変わるまい。清貧か否かはこのこととは別問題であろう。いずれにしろ世俗の権力優先ではいけないのは事実である。あくまで信仰優先でなくてはならぬ。さもないと信仰は二次的事象となってしまう。その場合は

130　第2部　「天地」へ向けて

信仰が権力に屈する関係に成り果てよう。それよりは今まで無関係の権力——これは天使ともいえようか——の偶然の助けによって信仰が推進されるほうがまだしもよかろう。ここには従属関係はまったくないからである。無関係のものが偶然出会っただけであるから。今までに権力と信仰との出会いがあった後に権力優先でというときにはそういう出会いは信仰の側からは受容し難いであろう。イエスは神殿の中で商売をしている商売人に出て行けという（ヨハネ2, 14）。これもそういう消息を示して余りある。こう考えると、笑いものにされた経験がある以上、本人との関係もある程度以上は不具合となろう。信仰が権力のいいなりになるときは信仰がないことを意味する。ただ相手を権力と決め付けると本人の良心などは認めないこととならぬか。良心ありとするのなら何故私情で動くのかとの疑問が生じる。もっともそうであればこそ悔いることもあり、その悔いから種々のことをしたいのかもしれぬ。だが権力と決め付けると、そういう機会すら与えぬこととなろう。いずれにしろそこまで行けた以上、欠点のあるままの相手を受容するところから始めねばなるまい。当方が受容を拒めば相手もそうしよう。するとこちらの考えている信仰を相手は受け入れられぬであろう。人間自体としての当方を拒むのにその考えのみの受容は考えられぬから。それでよいのか。結局、信仰を他の人に伝えることはできなくなる。

　ペテロは「彼らは欲が深く、うそ偽りであなたがたを食い物にします。このような者たちに対する裁きは、昔から怠りなくなされていて、彼らの滅びも滞ることはありません。」（第二ペテロ2, 3）という。人を食い物にするより、されるほうがよいとの意も含もう。食い物にされていると知りつつされていれば、それはもはや食い物にされていることとはならぬ。ここには「食い物にされの倫理」ともいうべきものが存している。どんどん騙されろということなのか。知りつつ騙されることによって義は前進していくのかもしれぬ。義ということは悪の支配する世にあっては騙される。そうあってこそ悪に染まっている人々の心の中へも義が浸透していくのかも。もしそういう事態がなければ義は義として留まることはできよう。だが少しの前進もなく悪や不義を世の人々の心から放逐していくことは永久にできまい。禅でいえば向上の死漢である。義は世にあっては騙されることによって不義を世にある人々の心から放逐する。ここにはどこまでも神の律法とか人の心、良心の奥底には義が宿りうることへの信念がある。こういう堅い信

念（これは神への信仰と一体）があって初めて可能である。禅ではもともと倫理観は脱落しており、騙すとか騙されるとかの倫理的次元の事柄は向上の死漢という問題には入っていない。

　一方、キリスト教では人格的性格の神への信仰が根本にあり、そういう倫理的次元の事柄がそういう問題でも中心的事項となる。知りつつ騙されることは何が義であるかを知っていることと一である。かくてまたそのことを機会あるごとに表明せねばならない。同時に個人的には騙されていると知りつつそれを忍ぶということである。ただ単に馬鹿で騙されているのではないからである。義であろうとすることが根本にあっての上でのことである。霊の働きの一つの具体的な場合と考えうる。たとえ考え方が異なっていても、聖別という点では当人も相手も同様なことを行っているという場合も起こりうる。つまりそれではいけないという判断を行い、それに応じて否定的対応をしてくる。互いに各々の立場から聖別をし合ってきたのだ。そこでそろそろここあたりを最後にして互いを許容し合える状況になりはしないのか。

　キリストの出来事は罪と死が支配する世界の中に現れた唯一の全的な啓示としてそういう世界への突破口となっている。それ以外のところへ目と心とを向けているとそういう世界と共に沈み行くほかはない。滅び行き最後は真空のひだの中に消えていく世界、宇宙と共に滅びぬためには、キリストの出来事を信じそれに則って生きるしかない。神はキリストという助け舟を出してくださった。いくら多くの人がそれに乗っても沈んだりはしない。無限に多くを乗せうる。現在の宇宙船地球号は約60億人を乗せているが、キリストはもっと多くを乗せうる。

　つまりキリスト号は地球号よりはるかに大きい宇宙船である。昔地球が洪水のときノアの箱舟があった。同様に広大な宇宙（これは一つの洪水の如きもの）という洪水の中にキリストという宇宙船が浮かんでいる。これに乗らねば宇宙の洪水と共に流されてしまう。地球と宇宙とにノアの箱舟とキリスト号とが各々対応している。キリスト号はただ地球上にあるのではない。宇宙の只中に存していると考えねばならぬ。元来地球という有限な領域へと制約されて存しているものではない。地球上に現れたのはむしろ偶然というべきものであろう。偶然とは神の意思である。リアリティがあるのはキリストの出来事のみである。他のすべては

132 第2部 「天地」へ向けて

なきが如くである。宇宙のすべては消えてしまうに過ぎぬ。その内に何があろうとなかろうと。宇宙人も UFO も。何かの出来事を契機にしてキリストの 贖 いの意味が理解されてくるという事態が生じる。その場合すでにそれ以前から当人の心が世のことから自由になっていたという事態が存していよう。その事実が表に出てきたといえる。啐啄一如である。

　人は誰しも例えば美しい景色、珍しい文化遺産などを見てみたいという欲求を有しているであろう。このような欲求が消えると、自己が霊と一体であることを実感できるかもしれない。だがそれは逆であろう。自己が霊と一体となったのでそういうことはどちらでもよくなった。そのように思われる。つまり因果が逆である。この点が理解されるようになってきた。こういう心の安らぎを世俗の事柄によって乱されたくないと感じる。世俗のいかなることよりも今の自分の心の在り方が大切だと思うようになった。このように思えて初めて心が来るべき世のほうへと移ったといえる。もっとも自分が求めずとも世俗のものが勝手にやってくることもあろう。だがこの場合自分の心の安らぎが根源的には乱されることはない。心の安らぎを犠牲にしてまで求めなくてはならぬものは世の中に存してはいない。かくて心は一切の物から独立した、一個の宇宙となっている。まさに天上天下唯我独尊であろう。こうして初めて心があらゆる世俗のものから自由になっていることが分かる。こういう状況になると、心の中を霊がただ一人グルグルといわば自転しているようでもある。何者にも妨げられることもなく。世にあって人が生きている間にすでにこのように心は身体からいわば独立した存在になっていてそれ自体で自立、自律的に生きたものになっている。だからこそ身体が死んだ後も生き続けることが可能な存在である。以上の状況を背景にして自己自身で自己へエネルギーを供給し続ける。他のいかなるものによっても助けられる必要はないといってよい。ところで仏教では無我なので天上天下唯我独尊とはいえないのではないかと思う。キリスト信仰の場合にこそ〝我〟ということをいいうると思う。キリストの霊が人の心の中に入ってきて新しい〝我〟となっているからである。

　いずれにしても自己以外のもの、ことを捨てる点において真の強さが表される。つまり真に自律、自立していることを意味するから。他のいかなるものにも依存していないから。こういう点から見て、そういう心境を種々の仕方で表すこ

とができようと感じられる。色や数字を使って示唆することもあるいは可能かもしれない。というよりもそういう方式に惑わされないだけの主体性が信仰には求められる。真に信仰を問うことではそういう次元にまで至ることが不可欠といえよう。今日がそういう日であると感じたことがあった。しかもこういうことは一回限りとは限らない。むしろ複数回が自然であろう。ただ最初の場合にようやくにしてここまで来たかと感慨深く感じたものであった。神、キリストを信じることは真の意味での自立と一体である。かくて自立の内容はキリスト立、律ということである。ここまで来て初めて感謝の気持ちを以って、それまで自己がそこへ至るのに結果的に役立った人々に対することができよう。それまでの経過なしにはそこまで来ることはできなかったのであるから。ただ先方の方々がそこまでのことを自覚して、意図的に種々のことを行ってきたか否かは別問題であろう。人に対しても、ものに対してもすべてに対して感謝の気持ちを持ちうる。

　ここでこういう状況の聖書的背景を見てみよう。さて、エレミヤ 12, 1; 3 では彼は「正しいのは、主よ、あなたです。…裁きについ論じたい。なぜ、神に逆らう者の道は栄え…」、「主よ、あなたはわたしをご存じです。…彼らを屠られる羊として引き出し…」という。ここには神の裁きについての疑問が出されている。しかし第一節で「正しいのはあなた」といい、第三節では再度「あなたはわたしをご存じ」という。つまり二度自分の正しいことを主が知っていると告白している。表現の仕方は各々特定であるけれども、根本はやはり主への信頼が支配していると考えられる。その上での疑問であろう。信頼が欠けていれば、疑問すら生じはしないであろう。信頼があればこそ疑問が生まれてくる。信頼あればこそ「なぜ」（一節）という心の中での反問は避けがたいこととなる。主への信頼がなければ、こういう反問は生じさえしなかったであろう。一節では神の正しさをいい、三節では自己の正しさをいう。「私」の心を極めたとまでいう。よほどの自信がなくてはいえないであろう。預言者なのでそれもそのはずである。神と自己との間に介在しているものは何もありはしない。やはり昔から神に逆らう者の道が栄えるという問題は存していたことが分かる。いわば永久に解決しない問題なのであろう。たとえ問題が生じても神、主を信じてここにあるように問題を問いつつ生きるのが人としての生きる道である。たとえどれほどのそういう逆らい者の栄える道があるのを見ても、そちらへびくことなく主の道を行くのが人とし

ての、ましてや主を信じる人、さらに信じようとする人の生き方となろう。どんなにひどい事態がいかに生じても悪い方向へ振り子が振り切れてしまうことは決してありえない。ここに人としての踏みとどまる根拠を見いだすことができる。ただ逆らう者の栄を見て多くの人々が逆らう方向へ向かうかもしれない。そういうところから多くの人々が主から反れることとなる。少しでもそういう人々が少なくなるよう努めねばならないといえる。

　何かがあった場合、例えばがんにかかったとき、そういう出来事を無我という立場で受け止めてしまってはキリストの許へは至らない。死の瞬間においても主の許へは至りえまい。やはりそういうことをキリストが自己を呼んでいることとして受け取ることが必要である。平素からすべてのことをそういう仕方で受け取っていなくてはならない。そこで人がどんなに苦しんでいるかという程度の問題もさることながら、受け取る際の様態がより大きな問題であることが分かる。

　かくていつも何事をも神の啓示として受け取るという心構えが大切である。今までの自分の受け取り方は無我という観点からの受け取りに終始していた時期もあった。そういう場合はがんといわれてもさほどの動揺はないが、しかしキリストへは至りえぬ状況であった。こういうあり方ではたとえ神が主のほうへ人を導こうとしてどのような啓示を行ってもそれらはすべて無駄となってしまおう。無我という受け取り方をすれば、それはそれとして完結的な受け取り方なので、それ以外のものは少しも必要ではない。筆者が胃がんになったことは考えてみれば、キリストが筆者を自己へと引き寄せている表れかもしれない。にもかかわらず筆者はそれを無我という立場で受け取ってしまったので無駄となったとも考えられる。いわば生命に赤のカラータイマーが灯ったのにそれを啓示として受け取ることができなかったのであろう。筆者の生命を危機の淵にまで追いやって自分のほうへ呼んでいてくださるのに筆者はそれを気付かずじまいだったといえる。残念であると同時に申し訳ないことであった。

　このように神の個人への啓示というものに後から気付くということでもよいのではないかと思う。パウロもダマスコ途上での啓示があったが、アラビアの野へ出て３年反省した。本当に啓示として受け取れたのはそういう反省が済んでからであったであろう。がんになったとき、キリストが手を伸ばしていてくれたのに、自分がそれをつかまなかったのである。だが今からでも遅くはない。心の

第1章　十字架を負う意味　*135*

手で心の手をつかむものであるからいつでもできる。一旦このように受け取ることができるようになれば、その後はいつでも同様な受け取り方が可能であろう。考えてみれば何もがんにかかったことに限定されるのではない。日常のあらゆることを通じて神は人を呼んでいる。がんにかかってもそれをキリストの手と気付かずに終わったことは、神を信じることとは無関係にも、そういう問題を処理しうることを示す。かくて人生の苦難を処理するだけが目的であればキリストを信じることは不必要である。日常のすべてを通してキリストは我々を生き寄せているが、生命の危機（例えばがん）というごときことはその顕著な事柄ともいえる。

　禅のように考えることもできる。キリスト信仰のように考えることもできる。そこでどうしても後者のほうでとなれば、キリスト顕現ともいうべき事態が不可欠である。さもないと禅でのように考えてもよくはないかという事態にもなろう。またキリスト信仰や終末についても、それがどういうことかと種々思い巡らすこととなろう。それでいてしかもこれこれこうであるという決定的考えは生まれてこないのが実態である。そこで例えば終末についてどう考えるかというより顕現のほうが先決問題である。いくらどう考えても、その点はそうも考えられるが、反対のようにも考えられることとなろう。そこでそこから逆にキリストの顕現という事態は生じない。その点顕現が何といっても第一の問題である。

　さて、人は折に触れて今日は特に静かな喜びとでもいうべきものを感じる日がある。通常の喜びのように飛び上がるような性格のものではない。普通の意味での喜怒哀楽とは次元の異なったものである。いかなる悲しみとも共存しうるようなものである。いかなる悲しみの中にもあり、その悲しみの隅々にまでも染みとおってその悲しみをいわば支え、克服しているような性格のものである。本当に心の奥深くにまで達しているようなものである。いかなる世俗のものによっても破られえないようなものである。聖なる、静かなる、霊においてある喜びというものであろう。こういう喜びは自己同一性が破れてキリストの霊が入ってきてありうるものであろう。かくてこの喜びはある意味で安息という意味を持っているが、同時に"キリストの"ということがある以上、非安息ということでもある。キリストが入ってくることによって非安息が引き起こされる。しかもそうあることが同時に安息ということでもある。安息即非安息ということとなる。このことは信仰というものが同時に行為というものを含んだものであるほかないことをも

意味する。こういう状況はしかしあえて換言すれば自由ということでもある。この自由においては律法でのように何かをしなくてはならないという感覚はまったくない。そういう心理的圧迫感というか義務感というかともかくそういうものは感じられない。もっともキリストを主として信じる以上、何もしなくてよい、否何をしてもよいということはない。主を信じ、主に従う以上、ここには自ずからある一つのルールというものは出てこよう。パウロのいう愛の律法とでもいうべきものである。仏教との比較があると、そういう観点が強く入ってきて行為という面が強くいわれることとなるが、そのことは決してそうしなくてはならないという律法の復活のようなことをいっているのではない。たとえしなくても、否できなくても主を救い主として信じれば、それで赦されるのでもある。こういう心の余裕、自由があると、かえってそのことから行為ができることとなるであろう。

　ところで、キリスト信仰とは今はまだ目で見ていないものを信じるのであるから、そこでは決断というものを要す。そうである限り心が平静な状況にあるということはない。この点、仏教のように神のごとき人格者を主と信じるのでない場合とは異なってくる。神を信じることによって人の心はかえって平静を破られることになる。そうであってこそイエスの十字架をこの身に負った存在である。今までの過程においてこの点が十分には分かっていなかった時期もあった。つまり心が平静な状態にあることを求め続けていたようである。今までの何十年もの間にわたって勘違いをしてきたのではあるまいか。これに対して先の状況が究極の状況といえる。こういう人格的に動きのある心の中にこそキリストの霊は宿る。動きを欠く平静な心のうちには霊は宿りはしない。悪と戦い、世の霊と闘う場の中にこそ主の霊は存在し、生きて働く。心の平静な状態を求めることとキリストを信じようとすることとは二律背反なのである。霊が存在し、生きているときには世の霊との争いが生じるほかないし、また逆にそういう争いをしようとするところにはキリストの霊が存在することにもなる。今までは心の平静さを探求することが多く、かえって自己の心の悪い面と共にキリストの霊をも追い出そうとする結果になっていた面もあったのではないかと思われる。

　このように考えるとき、自己の心の中に十全に霊が宿ってきていると感じうるようになってきた。いつでもどこでもキリストの霊は自己の心の中に存している

といってよい。自己のうちに宿っている霊が主体なのである。自己はいわば肉体としてのみ存在しているようなものなのである。生きているのは霊である。自己はもはや生きてはいない。かくて終末においては顔と顔とを合わせて見る（第一コリント13, 12）というのは当然である。そしてこの自己のうちに宿る霊は自己という人のうちに存在している肉的なあらゆる要因とも争うこととなる。ローマ7にあるごとくである。また自己内の怠惰な心とも争うこととなろう。パウロは鞭打って従わせるという（第一コリント9, 27）。

　このように考えてくると、何だかもう自分がキリストの化身になっているという感情さえ生まれてくる。キリストを信じることがどういうことかを自己の全体—生活態度、研究の内容、発表、勤務先での仕事ぶりなど—をもって世に対して示していくという任務を帯びていると感じるようになってきた。こういう観点から見るとドイツ行きもただ単に研究ということではなく、多くの人々へキリスト信仰をアッピールするためということとなろう。だがしかしこの点は残念ながらそういうことはまったく不十分であった。いわば自己の信仰探求上の修行が中心ではなく、上述のごとく信仰を世に示すことが中心でそういう面に関連して修行も副次的に生じてくるといえる。真に主の化身になっているというのであれば、自己の命に関する不安などどこかへ吹っ飛んでいなくてはならない。まだそこまでにはなれていないのであろうか。だがいくらかそういう気持ちが生まれてきているのも確かである。さもないとそのように考えること自体ができないであろうから。キリストの中へ自己の生命は飲み込まれていなくてはならない。自己放下が徹底すればするほどキリストを信じることについての疑問もそれだけ消え、より主の化身になれてきたように思われる。自分のいくべき道は神のみ栄を現すため以外にはない。このことが少しは分かってきたように思われる。いついかなる時所位にあっても各々の場合にどうするのが神のみ栄えを現すことになるかを考えて、それを実行することである。自我が既に崩れキリストの霊が宿っている自分としてはこのように生きる以外に他に道はない。現在自己の置かれているところで世の光であることが大切である。神の摂理によって自己は今のところにおかれているのであるから、今のその場所において光であることが求められている。決して他の場所でそうであることを神は求められてはいない。主の許に召されるまで世の光であるように努力して生きるだけのことである。心の中には主の霊

が宿っている。こうなって初めて世にあって世を出ている生を生きていることとなっている。キリスト者として世にあることの唯一の意味であろうかと思う。世にあること、また世そのものはそれ自体としては特に意味のあること、ものではないのであるから。

　このように自分自身の表象の世界を形造っていく段階に至って、自分のキリスト教学は新しいステップに入る。新段階である。それまではそこまでいかなくてはという目的があり、まず第一にそれが最大関心事であった。その日からはそこまでいけたという事実から出発できる。それまではキリストが自己内に宿るよう努力することが第一。今後はキリストが宿っているという事実から考えていきうる。もはやないとか、まだないとよくいうが、もはやないとは"既にきた"ことなしにはありえぬ。したがって根本的にはまだないということではない。キリストが宿って、自己の心は逆にキリストの許へと高められる。そこで当然自己の心はこの世の一切のものの上に出る。したがって世のことの一切が、それが何であれ、自己の心に力を及ぼさなくなるのは自然の成り行きである。人間はやれ平和だ、やれ戦争だ、やれ建設だなどと大騒ぎをする。だが静かに反省してみると、それらの騒ぎの根底には何もない。深淵がぽっかりと大きく口を開けている。人はそういう事態に目をつぶって否、目をつぶろうとして、先にいった大騒ぎに奔走している。人は決して自己の力によってユートピアをこの世に造りえない。今後はようやく自分自身の表象の世界を構築していける心の用意ができ上がったことを予感させる。こういう心境では、不可思議なことだが例えば小鳥の声を聞いても、それが神の創造による世界の中でのことだと感じられる。自然の姿を見てもそれが神の造られたあるがままの世界なのだと思いうる。今研究室から外を見ると、静かに雨が降っている。神が降らせているのだと素直に感じうる。かえるが鳴く。キリストに代わって自分を主へと呼んでいるごとく聞こえる。こうして今後自分が到達すべきところがかすかに見えてきた。つまり究極的なところは、"霊想"とでもいうべきものを自分が表しうるところまで心が可視的世界から自由となっていくこと。霊想とはキリストの霊にあっての想という意味合いである。

　書物として書かれたものの残存にどういう意味があるのか。それ自体が自我の

第1章　十字架を負う意味　*139*

なせる業ではないのか。そうではない、このことをしておきたいとはいわば霊によって自分の心の中に引き起こされた欲求である。霊の欲求である。これさえもなくなれば、気は楽にはなろう。禅にはそういう一面がありはしないのか。だがキリストを信じる者にはこういう霊的重荷は避けえない。これなしにはキリストの十字架を負ってはいない。生命ある限りこの道の追求が自分の霊的使命である。各人には各人固有なそういう使命があろう。十字架は決して軽くはない。キリストもゴルゴダの丘まで自分の十字架を負っていくことはできなかった。この十字架こそキリスト者であることの証である。これを失ってはもはやキリスト者ではない。だが最初にいった自我の働きではないかという懸念もまったく消えてしまいはしない。たとえ霊の場にあるときでも、人が世に生きている限り、一方でそういう心情が湧くことを完全には払拭し得ないから。自我崩壊という確かに一つの区切りは存在しうる。だが真に霊によって生きていれば、書物に限らず人々に伝えたいという霊的欲求が湧いてこざるを得まい。そういう状況ではそれはもはや単なる自分の判断による恣意的次元を離れた使命として達成せねばならぬことではないのか。またそういうところまで自分が無我に徹した存在にならねばならない。自己の外の世界への展開が霊的行いであるという自覚が生じるところまで自己が純化されなくてはならない。

　禅では夢と現実との一如ということがあるが、キリスト信仰でも心が天にあればあるほど類似のことが生じる。世を天国と思い誤り、勘違いすることが生じよう。いわば天国と世との一如とでもいおうか。またこういう事態が生じねばならない。だがこういう体得は決していわゆる神秘主義ではない。この世はこの世の通りでこの世と見られている。しかもそれが天国と勘違いされる。あまりにも心が天にあるので、この世をまだ来てはいない、自己が招かれてもいない天国と勘違いする。反対にどんなに美しい自然の中にいても心が清くないと天国、この世一如の境地にはなれまい。こういう体得は例えば美しい自然の中にいるときにばかり生じるのではない。なぜならその根拠は自然の側にではなく自己の心のほうにあるのだから。かくて地獄の中にあってもそこがここは天国ではないかと感じることもあろう。またなければならない。ただ単に美しい自然の中にいるときにばかり生じるのなら、それは純粋に信仰的なものとはいえない。いかに心が清く

なっても最初は美しい自然の中でそういう体験は生じやすいといえよう。だがや
がて時、所を選ばず生じよう。パウロの場合天に挙げられた体験とはこういうこ
とかもしれない。たとえそういう勘違いを避けようとしても本人の意思に反して
さえ生じてしまおう。人の意思で止めることはできない。ここには人の力を超え
た大きな力が働いていよう。どうにも止まらないのが真実である。天国にも河や
山があり、マーケットもあり、賑やかなところだ。職に就いたら引越しもある。
破傷風もあればジフテリアもある。そこで予防注射もある。春先には温かくなる
し、天国にも春夏秋冬があるであろう。天国だからといって何もないのではこの
世のほうがましとなってしまう。是非この世に似た天国であって欲しい。天地の
勘違いではこのように天国をこの世とはかけ離れたものとは見ずこの世に似てい
て欲しいと願うであろう。こういう勘違いは魂の自由な飛翔に達して初めて世か
ら自由たりえたことと一である。その飛翔がいわば来るべき世の保障である。何
かが既に与えられている。いわばすべてのことが心を離れた報いである。ただキ
リストを信じることはないのでそういう心境に留まっている。

　世があってこそ光もあろう。世がありその中で光が光となる如く、そうなるよ
う益々磨かれていく。世の中にないと光は磨かれまい。世あってこその光たるを
忘れてはいけない。たとえ光が光となっても世の中にないとその光はやがて色あ
せて光を失う。世にあって常に磨かれ刺激されるを要す。世を避けて自己同一的
世界に留まっていれば居心地はよかろう。そこは世が世でなく光が光ではない如
き半端な世界であろう。光が光として磨かれることもあるまい。真に磨かれなく
てもそこに存しうるから。
　一方、世にあれば、真に光は光として自己確立せねば押しつぶされるだけの力
が働いている。そういう力に抗してこそ初めて光は光として存立する。また力を
発揮しうる。反対に同一的世界では真に光たるものが求められてもいまい。自己
の闇を照らす光を求めることはそういう世界ではできないから。だからそういう世
界にある光はいわば温室栽培されたようなもので野性味はない。家で飼われてい
る犬の如しである。野生の遠吠えのごとき生命力を欠く。形骸化する。光の形骸
化である。キリスト教世界が直ちに世俗界だから信仰も形骸化され、光もまたそ
うであっても不思議はない。同一的世界では光は真に光でなくても、そこまで突

き詰め、純化されていなくとも、否、むしろそのほうが存しやすい。同一的世界の中での光は、仮にそういうものがあっても、この月の如しである。自らのうちには光の源を真には持ちえていない。

　他方、真の光は世にあってはそういうことは許されない。光が光として根源的に根拠付けられなくては世の中に存し得ない。そうあって初めて光を発しうるから。太陽の如く自身の中で光を生みつつ発する。月の如く他からの光を反射して発するのではない。

　神は愛とされるが、人が神の経綸について知ることが許されていることが、そのことの証といえる。自己とは別個の独立した存在である人に対して自己同様な存在様式を与えることが既に愛のしるしである。さらに経綸について知らせ、自己の行いを人が分かち持つことを可能としている。こうして自己の存在や知を他なる人に対して分与する。これが愛のしるしとなる。自己を与えているから。この点から考えても、人を究極的に霊的存在とすることは自己分与の極致といえよう。かくて創造は神の愛によって始まったといえよう。自己がまったく存在しない場合とたとえ苦があったとしても世に存することとを比較して、神の愛をどちらに感じるか考えてみればよい。やはり創造されてよかったと大多数の人は感じよう。また通常に見えている場合と不自由になった場合とを比較しても分かる。前者に対して神の愛を感じうる。不自由な場合と比較すればいっそうよく分かる。ものを見ることに対して神の愛を感じうる。見ること、触ることなど五感の働きすべてに感じうる。創造は神の愛の働きによる。内面的に神と同一とさえいえる場に達したら、それと異なるものを憎もう。そうなることは自己の心の中に神の霊が生きていることを示す。人はいずれ求道の過程でそうなっていこう。そういう予感がする。憎みうれば自己の心が真に主の霊によって捉えられている。よいもの、ことへ共鳴できるだけでは不十分である。なぜならそうできぬ人はいないから。神に反することを憎むことができなくてはならない。よいものへの共鳴は心に書かれた律法からもたやすい。

　一方、悪を憎むことは自己の心へもそういう悪が入り込んでいるので、その分難しい。自己を心底より憎むことは難い。そこで悪を憎むのは自己を憎むのと同じである。一般的に善への共鳴は善を遠くから見て共鳴している。だが悪への憎悪は、善の実行を妨げる悪が自己の中にあり、それを憎むという構造である。つ

まり心は善をただ遠くから見ているのでなく、現実に実行しようという気持ちで善に対処している。つまり心は神の霊によって現実に捉えられている。善への遠くからの共鳴は真の共鳴ではない。なぜなら実行しようとはしていないから。人の自己と善とは一になってはいない。別々でしかない。悪への憎悪が出てきて初めて善、心の中の律法と自己の心とが一になっている。悪への憎悪という形以外では出て来ようがない。善への共鳴ではいまだ半端である。ローマ7を見ても分かる。憎みえて初めて自己の心は全体として神と人との対立という戦場の中で前者の側についたことを示す。神の法則に反したことを憎む心は人が生きている限り続き、強くなろう。憎むことの実行を跳躍板にして心は天へと飛躍する。もし実行がなければ跳躍板なしであり飛躍はできない。こうして自己の心の中に霊が注がれていることを確信しうる。自己を憎む心と霊とは同一のものである。二つは合同である。現象形態としては異なりつつ本質は同じである。というより霊は現象ではなく、そういう霊の一現象形態として憎む心が存在する。こういう点から見ると、「わたしの五体にはもう一つの法則があって」（ローマ7, 23）というパウロの言葉も理解し易い。つまり霊に従おうとしない頑強な反対の力の支配があり、これを破らねばならない。自己を憎む場合、憎まれる自己は肉に属し、憎む自己は霊に属す自己である。憎む自己が生まれて初めて霊的存在になった。憎み尽すこと。さもないと自己は霊的存在ではありえぬ。憎む自己が生まれたことは霊が自己の心の中に宿ったことを証しする。その後はそういう憎む自己が益々強大にならねばならない。また自己の心が世のこと、もの（自己自身の生命も含めて）から離れれば離れるほど心はその分霊で占められる。心は霊のものか肉のものかである。双方であることはできぬし、どちらでもないこともできぬ。二者択一である。

　憎む自己が生まれて初めて霊肉の争いが自己の中で生じた。霊的存在としての第一歩を踏み出した。肉的自己を憎むほど霊的自己は成長する。前者を食料にして後者はきわっていく。食い尽くしてしまうと自己はまったくの霊的存在となる。だが生まれたばかりの霊的自己はきわめて弱い。弱さそのものである。いわば産声を上げたばかりであるから。こういう自己は終末観が明確になり自己を来るべき世へ移しえた自己放下と同時に生まれている。つまり自己が無になり、そこへ霊的自己が入り、生まれ、霊が注がれる事態が生じている。ただ自己放下が

第1章　十字架を負う意味　*143*

時間的には少し先である。しかしこういう時間的な少しの開きは大きい問題ではない。だが順序としてはそうである。かくて放下が欠けていては自己憎悪は生じえない。たとえ霊が入ろうとしても拒まれて入って来ようがない。人の意思を無視してまで霊は入ってはこない。つまり「求めなさい。そうすれば、与えられる。」（ルカ 11, 9）のである。放下ができるには終末観なども明確にならねばなるまい。信じる内容への全疑問は解明されねばならない。そうして初めて放下可能となる。かくて自己放下は霊肉間の分水嶺の如きものである。そこへ上るのは苦しいが、そこを越えてしまえばあとはもはや下りの一本道である。ここまでくれば楽である。自己が益々霊的になるには、それを妨げるものを次々憎み、自己から切り離す行動に出ねばならない。そういう実行なしには霊的前進はできない。憎む行為はただ単に心の中でのことで終始してはいけない。外的行動として表現されねばならない。かくて初めて当人の心のありどころが明らかになる。ここで信仰が倫理へと移る。前者は後者を内に含む。前者から単に後者が流出するとはいえない。流出というにはあまりに激動的ではないのか。静ではなく動である。自己放下という静が根底にあるのだが。霊が入り肉を憎むことは霊の肉の世界への陣取り合戦の挑戦とも考えられる。霊の陣が増えれば肉の陣は減りますますその力は衰えていく。これは小さいことだが、飛行機で外国へ行くとしよう。乗り換えなどすれば余計危険である。これは肉の気分か。自己の生命を自己の手から離すまいとしているから。そこであえて乗り換えのほうをとることは霊の肉の陣への挑戦ともいえる。

　神の一人子が血を流した十字架の重さを考えると、終末では地球人の生活圏のみが変化の対象というのではなく全宇宙が対象となるべきであろう。十字架の際は天が暗くなりというごとき事態が生じた。同様に終末では全宇宙が終末の到来を告知するため何らかのしるしを現そう。死が滅ぼされることを物理的に死がなくなることと考えてもよい。同時にしかしそういう死のない生を捨てる自由という意味で死が滅ぼされることを考えてもよい。これら両者は相互に矛盾するわけでもなく同時に存して差し支えない。むしろその方がよかろう。終末において死ぬ自由があることと今の生での信仰で死が克服されていることとが今の生と終末で実現する生との共通点となる。死ぬ自由のないところでは生きる自由もない。

144　第2部　「天地」へ向けて

後者があれば前者もある。死ぬことが生きることであるから。生と死との区別は心の中では消滅している。再臨の際宇宙全体がどういうしるしを現すかはその時まで分からない。これはキリストが十字架上で息を引き取ったとき全地が暗くなった（マタイ 27, 45）が、そのことはその時まで誰にも分からなかったのと同様である。神の一人子の受肉を重く考えれば、たとえ宇宙人がいてもそういう存在は論外とされよう。ちょうど地上に多くの民族がいたが、その中からイスラエルが選ばれたのと同様である。そういう扱いを受けた他の民族が救いの埒外にあるのと同様である。宇宙人もキリストを信じれば救われよう。

　パウロは終末では、「わたしたちはいつまでも主と共にいることになります。」（第一テサロニケ 4, 17）という。そこにいて何をするかはいっていない。根本的には何もすることとてはない。せねばならぬことがあることはあくまでこの世界でのことであり、来るべき世ではそれはない。そこで彼は先のようにいっている。イエスがエリヤ、モーセに出会ったときも互いに何もしてはいない。対話で十分である。対話自体が大切で十分である。行動することではなくて、心の中での働きが大切である。個々の人が全き存在として生きるのだから他の存在を必要とはしない。かくて互いに尊重しあう関係である。そういう者としていわばキリストのごとき存在になるのだから、自己が自律的に判断してももはや神の意思から外れたことを考えたりはしない。各人は神のごとき存在とされている。いわば無数の神々が存するごとき世界である。しかもそれらの神々が唯一絶対の神の意思の中に生きている。かくてこういう世界は一神即多神の世界といえよう。ここでは各人は神を自己外に存するとして意識、自覚することはない。自己の中に神があり、神の中に自己がある関係になっている。もはや神はなくなっている。自己がいわば神化され、自己が神になっている。自己は神である。そこで他の人々はいてもいなくても根本的には差異はない。自己同一的世界の実現である。神がすべてにおいてすべてとなるとされるが、これは同時に自己がそうなるといってもよいことを示す。なぜなら神と自己とは既に一枚になっているから。神と自己との間に隙間はない。自己以外のものが存することを考えたりせずともよい世界である。

　そういう終末世界のいわば潜在的形として現在の世界で既に自己の意思が神

第1章　十字架を負う意味　*145*

の意思と一である世界が出現可能であろう。自己が消えてすべてが自己となる。そこで自己がすべてにおいてすべてである。ただ今はまだ自己以外の人々、神という存在が自己外にいると感じるほかない。そう感じることも人が体において生きている点に基づいている。そのような生き方が少ないほど自己がすべてですべてとなることが実現されよう。もっともこれは人が世で体を以って生きていることを前提している。霊的存在になれば体のあることは何らの制約にもなるまい。霊は完全に身体、物質を支配するだろうから。自己がすべてになると自己は忘れられている。自己という存在はもはやない。あると、暗黙のうちに感じるので、不可避的に自己に対しすべてを対置してしまう。ここでは自己と対象との分化、対立が不可欠となる。だが自己が消え対立も消える。さらに自己消滅で対象も消える。すべてはそれ自体において自体として存することとなる。自己はいわば新しく造られた全宇宙のすべてのものの中へ消えていった。自己も対象もなくなった。自己が存するので人は自己との関係で種々のことがどうなるかと考える。自己が消えすべてがすべての適材適所にある如く自ずから神により定められており、もはや人はその点について考える必要はない。人が自己との関係でとはいえ、その実は自己の罪的あり方との関係においてである。罪が人になければ自己との関係で考えはしない。神と顔と顔を合わせて（第一コリント13,12）というが、霊において神と一体なら神はないといってよい。もはや自己に対する神などはなくなっている世界に自由に生きられる。自己外に神にしろ他の人々にしろ存するとはもはや感じぬ世界である。神、全宇宙などの一切を自己のうちに包括するごとき存在へ自己は変えられている。自己が無になっている点から見て神が自己をではなく、むしろ逆に自己が神を包括しているといってもよい。神と自己とが今既に意思において一体であることが将来でのこういう世界実現の担保である。

　終末では死んですでに体を脱ぎ霊の存在となっているキリスト者は神、キリストと共に新たな創造に携わる。これは最初の創造で天上会議が考えられている如しである。神は我々の形にかたどってという。かくて今度の創造にはキリスト者も参加しよう。そこでどういう世界を造るかは神が一方的にではなく、神の意にかなう人々の総意で作られよう。かくてそういう世界はその時造られるのであっ

146 第2部 「天地」へ向けて

てあえてそれ以上決めておかなくてよい。またそういうことはできない。我々自身も参加するとはいえ、今現在の我々ではない。霊を受けた存在となった我々である。かくて今の我々が新しい創造での世界をどうしようかと考える資格はない。今の我々が来るべき世のイメージは描けない。霊的存在となった我々の思うことは今の我々の思うこととははるか高いから。新しい世界をどのようにでも造りうる。パウロの「自然の命の体があるのですから、霊の体もあるわけです。」（第一コリント 15, 44）という具合にも造れよう。バイゲルのように新しい世界には自然物は何もなくという具合にも。

　このように考えてみると、後者の考えが前者と異なっていても直ちに間違いとはいえない。だが両者ともまだこの世に生きている間に考えていることであり、たとえ霊を受けていても体を脱いでしまった状況でではない。たとえ脱いだ状況になっても両者ではその人間性が異なり、異なる終末の世界を思い描いても不思議はない。そういう相違があってこそ愛もまた働く機会を得る。こうして終末での世界の不確定性を人自身の力の中に取り入れてそれを今既に克服しているといえる。もっともこのことは神の力を借りて可能とせられているのだが。つまりパウロもいう如く「天上のもの、地上のもの、地下のものがすべて……父である神をたたえるのです。」（フィリピ 2, 10）となっている。無限の過去から無限の未来までが今すでにキリスト者のものである。もっとも終末観ではその内容が一義的に決まることが大切とも考えうる。一方、その具体的内容には二義的意味しかない。客観的に見ればパウロの場合でも彼が考えた通りにはならなかった。人の自我が無になれば心が一つになり、終末観も一つに決まってくる。バイゲルもそうだった。心の一つが終末観の一つに呼応している。具体的内容は決してそうなるのではなく、どういう内容であってもよい。無我にならぬ限り人の心は迷っている。そこで心は揺れ動く。結果、心は純一にはなれない。終末観についても揺れ動き一つに決まってこない。無我になると心は一つになるほかない。そこで終末観も一つに決まってくる。アダムから始まる予定の霊的創造の頓挫で今の宇宙はそういう創造とは無縁の世界である。そこで終末では宇宙が今のままのはずはない。どう変わるのか。霊は神の深みまでも究める（1 コリント 2, 10）ともいわれる。分からぬはずはない。終末でも人に始まり次第に宇宙全体へ終末の完成は及んでいく。キリストの出現で地上の罪、死、悪の力を滅ぼすのだから地上、

人の生活圏は大混乱となろう。そこでその時生きているキリスト者は「空中で主と出会うために引き上げられます」（第一テサロニケ 4, 17）と考えられる。世の力を主が滅ぼし、この地を神に返されてから今はなきキリスト者が復活させられよう。次に空中にいるキリスト者も地に降りてくる。その後霊は全宇宙へ及び神の栄光を現す姿へと変えられよう。終末に復活させられれば神の栄光に与かる。それが復活の目的といってよい。裁きがあるとは人中心的なことであり、それは終末での本来の目的というようなものではない。人々の復活もそれ自体が目的ではなく、神の栄光への参与が本来の目的である。ただパウロ当時では神の栄光という神自身のことより人の救い中心に考え、受け取っていた。それが現代のように広大な宇宙の中での地球の位置から考えて地中心的、人中心的考え方一般が不可能となってきた。結果、本来の神中心的考えへ立ち返れるようになった。当時は一般に地中心的、人中心的だった。だから終末でも裁きの如き人間的な事象を中心的に受け取っていた。人の言葉は人の世界のことを表すのに適切であり、神に属すことを表すには不適切である。そこで人の言葉で終末での神の栄光を今の時点でイメージしようとすることは元来無理なのである。木に登って魚を求む如しである。

　何らかの有的なものに基づくことはすべて否定される。残ることは自己が無になりきることしかない。自己が有であれば何らかの有に依存してしか信じ得ないから。自己が無の方向へ徹底するほかない。自己がもし何らかの有に基づこうとしていたらそれらをすべて否定していくことである。するとすべての有的支えを自己は失ってしまう。つまり自己自身が無になるほかなくなってしまう。そして無になったところからキリストによる新しい創造が始まる。無になる方向へいこうとする場合、現実に一切の支えがなくなる前に人は先を読むことができるので、ある程度まで事態が進むとこれはもう有的支えに支えられていてはどうしようもないことが骨身にしみて分かろう。するとそこから有的支えに基づいて生き方を止めることとなろう。そしてそこから次のステップへと進むこととなる。

　人の心には自由、天へと飛翔したいという根源的欲求がある。それを種々の世の思いが妨げている。パウロのいうようにこの世に対して死んで初めてそういう飛翔が可能になる。いかなる重石もなくなるから。人は神の掌から生まれ、また

そこへ帰っていく。そういう掌の中で生まれ、生き、死んでいく。一瞬たりとも
そこから離れるものではない。このように思われてくると、もはや外国へ物見遊
山に行くなどということは不要なこととも感じられてくる。たとえ行くとしても
宗教的観点、例えば何らかの意味での伝道からとなろう。そこで終末後の世界に
おいて神と共にある（例えばコロサイ3, 1以下）ことと今この世界の中にこう
してあることとの間には根源的には差異はなくなろう。こういう心境になると、
思い残すことはなくなり、たとえ終末後の世界に自分が生まれることがなくても
それをも受け入れることが可能となる。可視的世界に生きていることに対抗して
目に見える何かが必要と以前書いたことがある。だがそれは正しくはない。そう
いう方向へ行くべきではなくて、自己がいわばキリストの分身であるという方向
へ行くべきである。パウロが生きているのは存命中にも終末が来るかもしれない
という時代である。この点を考えると、それとの違いからしても可視的な何かと
して福音書の中の地上のイエスという存在が必要というのではいけない。やはり
パウロのいう、肉によってキリストを知ることはすまいというのは今現在の我々
にも当てはまるといってよい。たとえこのように考えても、死に対しては生物学
的な恐怖というものがありえよう。だが人格的意味での死への恐れは消える。世
のことを考えることから離れると、心は自ずから天にあることを自覚しよう。こ
ういう仕方で生命が天にあると、地でのことがたとえどういう風になってこよう
と、そういうことにそれほど強い関心を持つこともなくなろう。どうなろうと、
あろうといずれは消滅する定めにあるのだから。心の中で天的部分が増えていく
ほどそうなっていこう。終末において与えられるものの担保が今既に与えられて
いる。そしてそういうところからこの地上の世界へといわば出撃していく。パ
ウロのいうように"私はすべてを失ったが……"（フィリピ3, 8）ということが、
明確なほど先の心境も強まり、天に宝を持つこととなろう。かくて人が世に生き
ている以上、心が天にある時間と世のことを考えている時間とがある。

第 2 章

世 と 霊

　空において自他の境が除かれるが、こういう自我否定では思想的に考えようとする自己と実践している人々との境も同様になりはしないのか。さもなくば空に達してはいまい。空に達した上での研究ならそのようにいえねばならない。研究者と実践者との間の意思疎通があるし、あるはずだし、あらねばならない。自己が自己の面目に徹するとき（自分の場合は思想的に反省していくこと）、同じく自己の面目に徹して実践している人との間には意思疎通というか一如というかともかくそういう要因があろう。自我否定において同時に神の全宇宙支配というモティーフが入り来ることと人が自己の面目に徹するとき自我否定できることとが対応する。かくて人格的内容の入った（自己は研究する、相手は実践する）各々の自我否定において互いに相手のものが自己のものになり得よう。ここでは自他の区別はなく、相手の話を相手の身になって聞きうるから。相手が話しているのは自己が話をしているのと同じことである。相手の生命は自己の生命となり、また反対もしかりである。相手の話に対して自己流の色付けをしないで、そのままに空の心で聞くことができる。また相手の人はその人で相手が聞きやすいようにとかその他の気遣いなしでフランクに話しうる。だから天性の研究者と天性の実践者とは不二一如である。

　こう考えると、自分自身は直接実践せずとも、あるいはまた自分自身は直接研究せずとも研究、実践両面にわたって相互の対話を通して各々相手の状況を理解しうることとなる。こうして初めて各々が宗教組織という有機体の目であり、耳であることができる。一人で目、耳の両役を果たすのは現代においては困難ではないかと思われる。目は目であることを止め、耳は耳であることを止めたところで目と耳との一如ということがありえよう。空としての目、空としての耳におい

150 第2部 「天地」へ向けて

て各々は目の役割、耳の役割を果たせよう。目が目であることにこだわり、耳は耳であることにこだわれば、目と耳とは一如にはなれない。目が少しでも耳を軽んじるようなことがあれば、それは目が目になりきっていないからである。目が目になりきっていれば、そこにはもはや目とか耳とかの区別はない。区別が感じられるのは目が目になりきれず、耳に対して妬みがあるからである。研究が実践を、また逆に実践が研究を妬んではならない。

　死ということも単なる偶然とかの出来事ではない。神が人の罪に対してそういう定めの中に人を閉じ込めた。そこで死についてそういう理解ができると死はまったく不可解な不気味なものではなくて、人にとって理解可能なものとなる。罪ある人にとり死があるほうがよい。こういう死についての理解も死に対して死んだことのうちに入っている。死へこうして納得がいくと、死自体のうちに神の暖かい手を感じうることとなる。かくて死が甘き眠りとなる。死自体において神の導きを感じうる。神がキリストを世に送ったと同様に人を死の中に閉じ込めた。死自体が神の愛そのものである。堕罪した人間に対して神は死を定めるという仕方以外に愛を示すすべはなかった。罪があるのに死がなかったらそれこそ地獄以外の何物でもない。

　こういう点から見ると、キリストで示された神の愛も人の死で示された神の愛も何らの差異はない。常に愛というもので一貫している。神の愛を思えばキリストにおいて人を救うという決断をされた際よりもむしろ人の罪ゆえに人に死を定める際のほうが神の苦しみははるかに大きかったであろう。人に恵みを施すよりも苦しみを定めるときのほうが神はより大きく苦しみたもうであろう。親の心子知らずというところか。このように考えてみると、キリストの出来事よりもむしろ人の死のほうにこそ神の愛の手を感じなくてはならない。人の種々の苦しみを定めたことこそ神の愛の現われと思わなくてはならない。そうしてこそ初めて人は神の愛を自己のところへ引き下ろしてくるという倒錯から解放される。人が激しく苦しめば苦しむほどそれだけ神の愛は深くそこに現れている。神はその愛を直接的に表現しようとするとき、例えばキリストの出来事でのように、その時には神ご自身は心の中で血を流さなくてもよい。だが人を苦しめ、死に定めるときには神は血を流すのである。もっとも神の意に適うキリストを犠牲にすること

第2章　世　と　霊　*151*

において血を流すとはいえる。だがキリストは神と一体である。そこで他への愛に満ちている神は自己と一体のキリストを犠牲にすることにおいてさほどの血を流すとは思えない。むしろ自己とは異質なところへ落ちてしまった人に対してその落ちた上にさらに追い討ちをかけるように死の定めを下すことは自己とは異質の他者たる人を裁くことなので、神はキリストを犠牲にする以上に血を流すほかないと思われる。このように考えると、神が我々に死を与えたことを感謝せねばならない。そして愛に満ちた神の与えた死なればこそその死は単なる死ではなくて、神の次の愛の行いの一部ということとなる。そうなると死はあくまで外的形である。その本質は愛なのである。いついかなる場合にも神は愛によって行為している。神の行いは愛の一筋によって貫かれている。死は甘き眠りとなった。こうして死は自分自身にとって疎遠なものではなくて身近なものになった。ごく近いものとなった。否、それどころか自分自身の一部になってしまった。それもそのはず。神を信じている自分にとって神の与えた死は神という媒介を通じて一体のものであるから。人の死においてのように人が苦しめば苦しむほどそこには神が入り込んできている。

　つまり苦しむことにおいて神と人とは共同している。人の苦しみのところに神の苦しみもある。人の苦しみのないところには神のそれもない。つまり人の罪のためにこういう事態となってしまった。かくて死とは神へと導かれ行く門の如きものである。死の向こうには神が待っておられる。死ぬことはかくて神とまさに一体となることだ。生きている限りはまだ神とは離れている。人に罪があるので人に死の定めを与えたのだが、人が死なぬ限り罪を担って生きていることを意味する。死んで初めて罪から離れて神の愛、神と一体になる。

　ところで、甘き眠りというとき、神のことを直接に心に思うことはできない。神を直接には人は知りえぬから。やはりキリストのことを心に思わなくてはならない。キリスト以外に心に思う対象は存在しない。神を直接では神は裁き主でもあるので、畏れおののくという面も生じてしまう。キリストはどこまでも人の側に立っている。パウロも主と共にあるのがよいという（コロサイ3．1以下）通りである。つまり今はまだ主と全面的に一にはなれてはいないが、肉の体を離れることによって今は天にいる主と文字通り一体になれる。だから死は甘き眠りともいえる。

152 第2部 「天地」へ向けて

　永遠な神を信じることと可視的世界のリアリティが消えることとは一である。つまりこの世界のリアリティが中断させられる。世界はズタズタに切断されてしまう。バラバラになる。時間もバラバラにされる。瞬間、瞬間が横に繋がって流れていくのでなく、各瞬間が永遠な神と結合していく。同時に人の生の一瞬一瞬が神の永遠と結合する関係で受け取られる。こうして各一瞬は永遠と一体化して永遠化される。かくて各一瞬が永遠化されると、いわゆる永生とはこういう一瞬の積み重ねであろう。つまり今のこの一瞬を永遠化して生きることはそういう永生を生きることである。両者間に質的差異はない。今現在ここで永遠を生きて文字通り終末での永遠の生命についても不可思議との印象は消える。こうして一瞬を生きることは永遠を生きること。ここでは既に時の長さはない。だから一瞬と永遠という時の長短の相違も消える。たとえそうでも終末での人の永生は客観的には時間的な持続と見うる。地上でのキリストのように、死でその生が大きく妨げられることはないから。だがそこでは一瞬を生きれば無限の時の長さを生きたのと同じなので、寿命の長短は消える。しかも終末での生もあくまで神の御心によって支えられており、神がそれを否定しようと思えばいつでも消えてしまう。そこでその生も客観的に確固としているわけではない。虚無と紙一重でしかない。神との関係から離れれば一切は虚無に沈む。かくてこういう永生もきわめて弱いものである。そのいわば一瞬一瞬が神の支えで成立している。かくて永遠の生命とはいえ一続きのものとしていつまでも続くとして事前に保障されてはいない。

　つまり永生とはあくまで神の御心による肯定に基づいた一瞬一瞬の積み重ねとして存する。厳密には真に存しうるのは永遠とか永生とかではない。一瞬一瞬が存するのみである。それ以外何も存してはいない。こうして時と永遠とはまったくの別種ではないことが分かる。後者は神の意思による一瞬の積み重ねなので時と別種ではない。根源的に両者の差異はない。サタンは天使の堕落したものとされるごとく、霊の体を受けてもそういう人が神に背く事態が生じぬとの保障はない。かくてこそ永生は神の御心と霊の体を受けた人の決断で成立するものである。決して自動的に神の御心や人の決意と無関係に存しはしない。その点永遠の生命とはあくまで可能的なものである。無条件的に必ず実現しいつまでも続くと安易に考えてはならない。

第 2 章　世　と　霊　*153*

　パウロでは存命中にも再臨ありとされ、自分たちが空中に引き上げられ（第一テサロニケ4, 17）と、身近に描かれている。これは終末が何か特別のこととして意識されてはいないことを示す。神とも神創造による宇宙ともいわば独立的と観念されている。自我が消えると自ずから神と宇宙とが残る。そこで神と宇宙とは直結する。宇宙が終末で変わるにしろそれはすべて神の意思の管理下で行われ、自我の消えた自己の生きている宇宙に直接的に現れることとして意識されている。何か特別のこととか天変地異とかという如きこととしてではない。そう観念しうる。天変地異というような観念の仕方ではかえって人の自我が残っているという危惧を抱かせる。身近なものとして描かれるほど自我消滅に対応の終末の観念の仕方といえる。これは自我が消え今の宇宙、世界がいわば既に潜在的に天国になっていることを反映する。そこで今の世界とはまったく別の世界を思い描く必要はなくなる。神とこの世界とがいわば一体たることの反映である。神創造の世界たる限りどんな世界であろうとその世界は天国以外ではありえない。現在の世界に感謝することと一体である。自己がこの世界の中に生かされていることへの感謝と一体である。自己の生命を放ち忘れることと世界が天国になることとは一体である。生命を捨てて世が天国となる。生命の代価を払って初めて世はそうなる。こうして心の中の天国は外へ現れる。天国は自我消滅と共にいわば地上に落下してくる。地は天に飲まれる。そこでたとえ終末といえども、先のパウロとか滅びるものが滅びの縄目からとか最後に滅ぼされるのが死とかという如くきわめて穏やかな表し方となる。驚異的天変地異とかは感じさせぬ。地はすべて天に取って代わられる。終末はいわば天国の中での様態の変化とも考えうる。終末では霊の世界が実現する。基本的には大小長短広狭などは無意味となる。そこで人の復活の体も大小は問題外である。大小があってもないと同然である。そのことは体があってもなくても同じともいえるが、あるのとまったくないのとは同じではない。基本が異なる。また終末で愛の支配する世界になれば人は退屈すると感じるのは現在の人には罪、死がありそれらで心が支配されているからである。そこから解放された人には愛一途の世界を退屈とは感じまい。

　霊とは何か。自己が無になれば自ずから霊は入ってくる。だがこれは五官によって感知はできない。しかし霊を受けたという自覚は生まれよう。そのこと

は例えば霊は神の深みまで極める（第一コリント2, 10）という言葉にも現れる。つまり受けたとの明確な使命感ともいうべきものが生じる。結果、先の言葉ほど霊に満ちたとき、自己の一挙手一投足までが霊の働きとなり、また世界、宇宙のすべてが霊の働きによると信じうる。内に霊が満ちるのと外にそうなるのとは同時現成である。こうして世のことへの思いがその分薄らぐと、例えば種々の仕方で見た物事への執着も減衰しよう。霊（聖霊）は純粋に人格的性格の存在である。かくて人の心が可視的なものから自由になれば自ずからそこへ入り来る。宇宙すべてを包みそこに満ち満ちている。実体的なものではない。そこでキリスト者としては世に生きる限り世の光として存する以外することはない。しかも霊的神秘は人の自力で知られるのではない。そう感じるときはいまだ自我が残存している。究極まではまだまだである。そこからさらにどれほど近づき得るかである。

　今後の問題は自己に霊が与えられているとの確信が如何なる形で生まれるかである。この点は不可欠だから。霊受容の場たる自己の心が世のものから自由になってくるとき、自ら霊を受けたとの確信が生じる。つまり世からの自由と霊の授与とは同時である。因果がどちらが先とはいえない。世に対して死んだといえれば、同時に霊を受けたといってよい。そういえれば死は甘き眠りともいえよう。自己の世界から世に属すものを否定しようという心が生まれたことは真に世的なものから心が自由になっていく過程に入ってきたことを意味する。積極的に退けようとする心が生まれぬ限り、真に心と世のものとの繋がりが切れ始めたのではない。世のもの、自己の肉性を憎む心が生じたことは霊の授与を示す。明確な確信へはいま少し時間を要するが。霊が現実に動き始めたことを示唆する。肉を退けようという積極的なものの生成がない限りその霊は働いていない。眠っている。リアルでない。かくてないと同じである。あるとはすなわち働く、動くのでなくてはならない。働かぬ限り存してはいない。神が光あれといった、すると光があった（創世記1, 3）ように、現実に力を及ぼすを要す。現実を変えうるもののみ存していると認めうる。こうして自己の生活の様相が変わる。こういう変化が現実に生じてこそ、そこから自己に霊が授与されたと確信しうる。霊は宇宙の至る所に満ちるが、人の心はなぜか肉性で満ちる。そこで霊が入ってこない、働きえぬ状況になる。肉が心から離れると、自ずから霊は入り来る。なぜなら霊

第 2 章　世　と　霊　*155*

は元来全宇宙に浸透しようとしているから。無になれば即霊に満たされる。反対に肉で満ちていると、霊は入りようがない。自身が無になり主を信じ得れば、天から主が現れ、地上の悪と罪を滅ぼし、さらには全宇宙へ霊の力を及ぼして新しい天地を造られようと信じる。これ以上細かいことはおぼろげに（第一コリント 13, 12）ということでよい。結果、何の揺るぎもなき信仰が可能となる。このように感じうることは、自己がその分無へ近づいたことを反映する。こういう心境に至れば、最も根源的なことには大体の目途はついた。かくして内外の他の人々とこういう問題について対話することに意義が生まれる。自分のほうが相手に対して質問するだけでもよいかもしれない。このように思えるのは少なくともこの時点においては少なくとも霊が心に入ってきているから。

　キリスト信仰とは今はまだ見ぬものを信じるのだから、そこでは決断を要す。その限り心が平静な状況にあることはない。この点、仏教の如く人格者を信じるのでない場合とは異なる。神を信じて人の心はかえって平静を破られる。そうあってこそ主の十字架をこの身に負った存在である。このことが十分分からなかった時期もあった。その間は心が平静な状況になることを求め続けていた。何十年もの間勘違いをしてきたのかもしれない。今の状況が究極の状況である。こういう人格的動きのある心の中にこそ主の霊は宿る。動きなき平静な心の中には霊は宿らない。悪と戦い、世の霊と争う場の中でこそ主の霊は存在し、生きて働く。平静状態の探求とキリストを信じようとすることとは二律背反である。霊が存し、生きているときには世の霊との争いが生じるし、また逆にそういう争いをしようとするところには主の霊が存在することとなる。平静な心探求は、かえって悪い心の人と共に主の霊をも追い出そうとする結果になっている。こう考えると、自己の心に十全に霊が宿っていると感じうる。いつでもどこでも主の霊は自己の心の中に存すると感じうる。自己内に宿る霊が主体である。自己はいわば肉体としてのみ存するものに過ぎない。生きているのは霊である。自己はもはや生きてはいない。かくて終末では顔と顔とを合わせて見る（第一コリント 13, 12）のは当然である。この内に宿る霊は自己という人間内に存するあらゆる肉的要因とも争うこととなる。ローマ七章にある如しである。また自己内の怠惰な心とも争う。パウロは打ち叩いて従わすという（第一コリント 9, 27）。物質的世界はあやふやなものでしかないと感じる。霊的世界こそ確固たる基盤ある世界である。

156 第2部 「天地」へ向けて

物質界は一見確固たる如く見えるが、いつついえてしまうか分からない。

　自然と自分とが真に一たることが実現した印象である。自然全体が自分であると感じうる。同時に固有な自分というものは消えてなくなった。37歳のときの最初の自我崩壊の内実が今ようやく我が身の上に実現した。13年振りである。永生を今生きているという心になり、そこから改めてこの世の様を見ると、神がこういう世界を造り我々人間に享受させていることに対し、感謝の気持ちが湧く。今までとは異なった目で自然をも見うるようになった。決して自然を人間のためという観点からではなく、より自由に自然を自然としてそれ自体として見うることとなった。これほどすばらしい存在を創造した神は終末の世界ではさらにすばらしいものを創造されよう。

　終末後の世界が信じられると、自己の生が現世だけに限られなくなる。つまり今の生が来生へと透入していく。同時に逆に来生が今の生へと透入してくる。今生と来生との相互透入。そこで今生が永生を生きることとなる。このことは同時に来生についての表象を今得ようとはしなくなることを意味する。こうして今生を生きていても来生を生きていても同じである。今生を生きることは来生を生きることである。今生から来生にかけてのすべてのときのうちのどこか一つのときを生きれば今生から来生にかけての全時を生きたことを意味する。かくて"自分"という意識が薄れてきた。それと平行してキリストを信じている先兵として信じることが如何なることかをPRせねばならない。これが自分の使命と感じている。もはや自分が生きているのではなく、主がわがうちにありて生きると思えてきた。こうして瞑想することもつい先日までは主が自己に現れるためそうすると思っていたが、今ではそうではない。自分が先の使命を本当に有していることを改めて確認するため心静かにそのことに思いを致すことが瞑想の目的となってきた。ちょうどダマスコ途上でのキリスト顕現の後でパウロがアラビアの野へ出て行ったように。

　もはやあえて外国へ出て行く必要もなくなった。主の再臨で新しい世界が造られると信じて世から引き出されることが成就した。同時に他の人々が何事につけどう考えているかについてあえて知りたいとも思わなくなった。終末時にイエスやパウロに会うことが今まで以上にリアルに思われてきた。終末後の世界につい

てのイメージを描くことはしない。それはイエスによって我々が霊の体を備えられた後で考えるべきことだから。世に生きている限りではやはりイエスの呼び声を心に聞く、そしてイエスやパウロに会うことをイメージすることであろう。パウロは"その時には神と顔と顔とをあわせてみるであろう"という。やはり今の時点において、生きている間にこういえる心境まで心が清くなっていなくてはならない。禅でいえば世界が米粒一つぐらいになり吹くと飛んでいってなくなったという。ここまで心が清くなると、現時点で考えれば、終末において神を信じている場合にはパウロのようにいえようし、またいえねばならない。この場合、顔を合わすのはキリストではなくてやはり神ご自身でなくてはならない。神こそは究極の存在者であるから。またそういう顔合わせによってキリスト信仰が極めて人格的性格の宗教であることが知られる。そういう顔合わせには人の心が世へのつながりから切り離されていることを要しよう。つまりもはや神の許においてしか自己の心が落ち着く場を見いだしえない。アウグスティヌスは汝の御許においてのみ安きを見いだすというが、人は終末において初めて現実に神の許にいることとなる。心が世にある者は世にあるものの許で安きを得、心が世にない者は世でない場、つまり神の許において安きを得る。各々対応している。また顔と顔ということは今現在においては納得いかぬことの残存を示唆する。さもなくば顔と顔という事態を考えることはない。だが同時に顔と顔とはといえば心は既に神の御許にあることを意味する。

　相手の頭の上に火を積む（ローマ 12, 20）とある。その内容が以下のようである。たとえ自分に対して悪意を以って立ち向かってきても、こちらはそういうことには頓着せず白紙の心で向かっていくことを意味する。そうすることによってむしろ相手の心の中に一種の混乱を生じさせる。そのことがひいては相手の心の変化を生んでいくこととなる。自己自身の良心への目覚めを促すのが目標であろう。
　やはり宗教とはその時代における宗教ということでなくてはならない。単なる懐古趣味ではまったく意味はない。つまり現代において生きる宗教でなくてはならない。現代の人々を救いうる宗教であるを要す。自分に信じている信仰がそうであるか否かは自身が実践をやって試行錯誤しつつ求めていくほかないことで

あろう。過去の仏教と自分のキリスト信仰がどのように同異するかについて考えるだけでは研究のための研究という域を脱し得まい。それはそれとして意味があってもやはり実践に重点がおかれざるを得まい。しかしそうなると既成のキリスト教の信条、組織などに基づいてやっていくのではいけない。聖書の信仰の基本に則ることを要すとはいえ、そこから後は既成のもの放棄を前提としてゼロから造っていく心算でやらねばならない。自身のキリスト信仰がゼロから積み上げていったことに応じ信仰の組織などのついてもゼロからというのが不可避となろう。またそういう実践をせぬかぎり何一つ創造されはしない。アウグスティヌス、ルターなど誰でもそうだが、創造とはやはりその時代に生きる信仰を徹底して追求していくことである。過去のことについての議論は何一つ創造しない。しかもこの場合ある特定の種類の人々、例えば賀川豊彦のように伝道することであっては不十分ではないか。ある特定の村に住み込んで村全体をキリスト教化するというのも、それはそれとして立派なことだが、それも不十分なところが残る。今日の大多数の人々がそうであるメンタリティに対して訴えることを欠くわけにはいかない。さもないと真に現代に生きる信仰とはならない。すると現代のサラリーマン層に訴えうるを要す。現代ではそういう層が社会のうちで最も多くを占めているから。こういう努力をすることから自身の信仰と彼らのメンタリティの間での循環とでもいうべきものが生じよう。フィードバックシステムである。ここより独創的なものが生まれるかもしれない。

　第三の天に上げられたのと異言を語るのとは異種のものである。前者は体験主義的次元のことではない。後者はそういう次元のこと。前者は一切の制約を解かれた自由な魂の中に宿った魂が生んだ、いわば太陽のプロミネンスのようなものだ。一方異言はパウロにもあるし、悪い意味ではない自我とのかかわりで生じている。文字通りの天国到来まではこういう意味での自我は残存していると考えられる。無碍即良心においては無碍なのでこういう意味での自我もその分少なくなっているとはいえる。だがゼロになってしまっているのではない。そこで異言という如き体験主義的要因の生じる可能性もある。だが第三の天とはこの地上の世界そのものでもあるのではないのか。身体が地上に生きているのだから。そこを天国として認識するという発想が生まれてくるのではないのか。まったく空想

第2章 世 と 霊 *159*

的なものを心に描くことと今現在目に見えている世とが一つになることを要しよう。別では精神がバラバラになってしまう。一体的なものとして把握することが最小限必要である。この世を天の国とは別物として把握する心がなくなっているのだから。心が第三の天に上げられている以上、それ以外の心は存在していないから。第三の天へ心は丸ごと上げられているから。地に残っている心の部分は存しない。そこへ挙げられることが通例のことでなければこそ心は丸ごと第三の天へ上げられることとなる。結果、地のことさえもあたかも天にあるかのごとく見ることができる。心がそういう天への位置づけになることで身体のすべての働きも天所属になってくる。心が天所属から身体の天所属、さらににそこから地全体が天所属、こういう経過をたどる。人格である以上、心がすべてにおいて先行する。こういう事態と一体に生死の境は取り払われる。そういう心境になった心にはもはや殺人などの犯罪や事故などがあっても、それらの世で悪と考えられているものは眼に入っても、目に入らずしたがって心にも入ってこない。写し取ることが生じてはこない。心の表面をただ通り過ぎていってしまう。心に引っかかるものを目が見ることとなるのだ。心から目へである。だが現代はパウロ当時と違い、人がそこへあげられる第三の天のイメージを描き得ない。そこでそこへ上げられると思うことはできないし、生じてもこないであろう。かくて先のように記した如く天へと地が変えられることが生じるだけになるのか。そういう一面のみが生じるのか。当時の世界観のように三階層とはいかないから、それと平行して第三の天もイメージできない。ゆえにこの地を天として感じる傾向が強く働くこととなろう。そういう意味ではこの地、世が第三の天となってくる。世が世的資質を天に通じた心によって奪われることとなる。

　だが一方で心はたとえそうなったとはいえそういう世、地へ固着させられたままであることはできない。さらにそこより先へと飛翔していくことが生じよう。それこそが（第三の）天ということとなる。ただこれはパウロ当時と異なり当時の世界観前提ではなく現代の世界観前提のものとなろう。その場合具体的にはどうなるのか。やはり宇宙の果てまでを飛び回る如きイメージとなるのか。現代人は宇宙の中には銀河系の如きものが無数にあることを知っているのだから、知的にそういう事実を知っている以上、そういう世界をも包み込んだものとなろう。「心は荒れ野を駆け巡る」ではないが、心は宇宙を飛び回るということとなるの

か。ただ前者でのように心が切羽詰ってではない点が大きく異なる。知らないところを飛び回ることはできないので、自分としては神創造による宇宙について少しでも多く知りたいと思うこととなろう。これはパウロ当時三階層の世界の中で第三の天まで上げられたようなものである。世からの自由が心をそういう方向へ向かわせる。この点はパウロ当時の人々が三階層的世界観を構築して最上階に神はいるとしたことと平行する。その分、心が飛び回る領域が拡大していく。しかもこうして得られた宇宙像はただ単なる自然科学的宇宙像とはまったく異質なものである。前者は自然科学的知識を前提にしてはいるが、あくまでそこから自由に飛びまわるためであるから。そういう宇宙自体を何とも思っているわけではない。

　人の罪で汚れた世を離れて天を飛翔することとなる。ただパウロ当時の世界観は今はない。そこで現代の宇宙観が前提となろう。無限の宇宙について科学的にできるだけ詳細に知り、それに基づいて自己独自の信仰的世界を各自が思いつつ天へと上げられる。死後はその魂を神の許へ返すこととなる。神から授かったものだから当然である。地、世から離脱した心は自由自在に飛ぶ。妨げるものはもはや何一つない。天に心があることのほうが中心となり、必要なその都度、地、世へ降りてくるのが実態となってくる。現代の宇宙観の下では古代の三階層的世界観は構築できない。もしできればそういう世界観の下で神、主の居られるところを天にするとよい。人間は地にいる。だが今の宇宙観では上も下もない。神のいます場所をイメージすること自体ができない。イエスの頃まではできていたであろう。だからこそあのタイミングでイエスの啓示が生じたのはそういう知的背景も考慮されてのことであろう。かくて今現代の我々としてはイエスの啓示と自己自身の良心との二つに基づいてイエスを信じるのがあるべき神信仰といえる。イエス当時頃までは三階層的世界観の中に人は生き、そういう世界観がリアリティをもっていたので、そういう人側での状況に応じて神は啓示、例えば十戒などを人へ示していた。イエス以後はそういう前提が崩れることが予想されるので、そういう見通しの下でイエスという啓示が示された。
　かくて彼の啓示は三階層的世界観前提の十戒などに代わるものともいえる。もとよりそういう世界観に代わることも含めて、世界観の進展は神側で見通されて

いたであろう。代わるものだからイエスを信仰する限り律法などを信奉してはならない。そのことは時代錯誤でもある。しかもこのイエスは我々人間の体験主義的要因を排除する。なぜならイエスが天から世へ降ってきたのに人が上へ上る必要はないから。そういえばモーセはシナイ山、ホレブ山など上へ上がっていく、神に近づいて啓示を受けるために。だが新約では神が下へ、人のところへイエスとして降りてきた。"人が上へ"から"神が下へ"と変化した、パウロでの「第三の天」にしろ、「異言を語る」にしろ、すべて人が上へ、神の許へという方向での出来事だった。以上からして我々は無碍即良心の心でイエス・キリストを受容する — これがすべてである。ここでは人の側での体験的、体験主義的次元のことはすべて度外視される。パウロ個人は"人が上がる"と"神が降る"との境目に位置している。そこでそれら双方の面を有している。キリストを救い主として宣伝する面は後者、第三の天、異言などの体験は前者の面である。そこでイエス以後においても神秘主義的体験へ赴くのはイエス以前へ舞い戻ることを意味する。神が降ったことを否定して、自分が人なのにもかかわらず上がることを企てているから。こういう信仰が誤っていることは明白である。また人として上ることは人の自我によることであり、それが否定されていない。

　かくてそういう体験に意味をおくことはイエスにおいて神が降ったことの意味が真には分かっていないことを露呈する。このように考えることができないのは自我が生きたままであるからである。無碍即良心という万人普遍妥当な真実を啓示しているので、イエスを神の受肉と受け入れる。人の側がただ単に受動的に受容するのではない。それでは迷信に陥る。人の側でもその良心に合致していればこそイエスを真の神の受肉としての啓示として受容した。能動的、良心的判断が人の側でも行われている。十戒にしても確かにモーセはシナイ山に上がって受けた。だが十戒自体は神が彼に示したのだから、やはり上から下へ降ってきたものである。人が上へ上がったのはほんのわずかでしかない。100％近く降ってきたものと思うほかあるまい。人が神のほう、上のほうへと上がったのは1％以下でしかないのではないのか。人が例えばシナイ山に登るとといっても、それはあくまで天からの啓示受領のためである。そこで天から降ってくることが神と人との間の関係では基本中の基本といえる。そういう基本の上で人がほんの少しだけ上がるに過ぎない。いずれそれまでのような世界観前提で人が天に上ることは

162　第2部　「天地」へ向けて

できなくなることを見通して神はイエスという啓示をされた。にもかかわらず神秘主義によって天へ上がろうと考えるのは過去の遺物にいつまでもしがみつくのに等しいことである。イエスは信奉者にいう、「自分の十字架を担ってわたしに従わない者は、わたしにふさわしくない。」（マタイ 16, 24）、と。つまり神秘主義的体験を得なさいとは一言もいっていない。ここから判断してもイエス・キリスト信仰にそういう体験は無縁である。人の実存的資質によっても、また同一人でもそのおかれた環境によって異なった体験に至るであろう。

　イエス自身が先のようにいっている以上、特殊な体験に至ることより、イエスの言葉に従うことが大切なので、その言葉に従うことを徹底していくのがその進むべき方向となろう。無碍即良心という如く特に特定宗教固有の箇条であるわけではなく、人の側からの判断としてこうあるべきだというテーゼを人は必要としている。そういう人間側からの探求に照らして納得できるような宗教的箇条でなくてはならない。さもないと迷信に入り込んでしまう危険がある。このように上からのテーゼと下からのテーゼとが出会いうる如き宗教でなくてはならない。上からのみでは人の一般的理、知性と矛盾したことを宗教の名の下で無理強いをしてしまうこととなろう。日常的生活を離れて第三の天という世界に生きるのにとって一時的にいつもとは別個の場で生活することは障害にならぬどころか必要不可欠な要件であろう。

　例えばモーセがシナイ山に登ったり、イエスが荒野へ出て行ったりしたこととも類したことであろう。第三の天が下ってきたことに呼応してこの世界自体が第三の天の一部となってくる。もとよりこの世界には相変わらず多くの問題が伏在している。にもかかわらずそういう一部となった。だからこそ顕にそういう世界へと脱皮することを我々は待つ。第三の天が降ってきたという事実に基づいて、それを根拠として待つことができる。かくてここでの第三の天はパウロのいうそれとは様相が異なってきている。後者では内面的性格だが、前者のは同時に現実的性格をも有している。降ってきたものであるのでそういう性格を自動的に有する結果になっている。かくて第三の天に上げられたというべきではなくて、第三の天が降ってきたというのが相応しい。イエスにおいて神が受肉したのに応じてである。パウロ個人はいまだ本質的にはイエス以前に育ってきた人間なので、上げられたという自覚になったのであろう。我々、イエスから既に二千年も経った

のだからとっくに神がイエスにおいて受肉した以後の時代に属している。そこで神にかかわる事柄全体において神が人へ自己を啓示するためイエスにおいて受肉したという前提の下で理解せねばならない。さもないとイエスでの受肉を撥無することとなろう。こういう前提で考えれば、自由と一の第三の天ということもできる。人は生まれて以来この目に見えている世界以外は知らされていない。そこで天国となると、この世界の中に悪い面を全て除いて考えることとなる。体験的にイメージされたものはすべて何ら普遍妥当性のあるものではないからである。イエスという究極の啓示以前ならモーセの十戒のようにそういう形の啓示もありえたかも。だが彼以後ではそういうものはないであろう。なぜならもしそういうものがあればイエスの啓示の全的性格が失われよう。イエスを神の啓示と受容する決断から逆に考えてモーセなどの十戒をも神の啓示と受け取ることとなる。十戒からイエスへではなくイエスから十戒へである。パウロの段階では基本的には旧約の時代に属す。そこで三階層的世界観も生きていよう。結果、第三の天に上げられたなどともいっている。ダマスコ途上では天より降ってきたイエスに出会ってもいる。つまり人として上に上がる体験と下へ降ってきた神の子、イエスと会うという両面を体験している。だがそれ以後、特に現代などに近づくほど、そういう世界観が失われ人は上に上がろうにも上がるところを見いだしえない。そういう客観的事実もあって人は下へ降ってきた地上の神の子イエスとの出会い一本に絞る以外に道はなくなっている。そのことを神自身が人に示している。

第 3 章

良心と終末

　アダムに始まる人類の誕生も当時の人としては自然科学的に考える考え方と特別な矛盾は感じなかったであろう。そういう条件を現代において満たすには当時の記事としてのアダムの物語りをそのまま信じるのであってはいけない。それでは現代の人類発生についての自然科学的見解とは矛盾する。そこでそうならぬようにするを要す。人類歴史上の何回かの時空上の一点、あるいは何点かにおいてアダムの物語にかかれたような状況があったかもしれない。そういう出来事は今のこの時空の一点において改めて始まっても差し支えはない。無碍即良心なので自分の側には良心ということ以外他のいかなる前提もない。つまり良心に反しない限り何事も受容しうる。しかも自分として是非そうしたいという世俗界での特定の職務はない。結果、自分が生きているその都度における他からの要請に応じてそれを果たしていくこととなる。もとより自分としてこのことをやりたいということを一つ挙げれば、もとよりそれは信仰に関わることである。そこでそういうことに関する事柄がまず第一の責務として立ち現れてこよう。すると自分の書いた本の出版が第一となるか。深く信仰を問うた人ほどその後の行いとしては信仰と関わる事柄への思いが強いであろう。そこまで行くまでの間にそれだけ多くのものを心から捨てているから。純然と世俗に属すものと取り組もうにもできないであろう。そこで他からの要請とはいえその事柄は信仰に関わる物事に限定されてこよう。信仰的性格を欠く事柄には気合が入らないことであろう。無碍即良心に応じれば、無碍が可視的世界への囚われからの自由に、また良心がそのことを前提にした上での新しい世界の創造に各々対応すると考えうる。

　イエス以前の人の堕罪などはもはやあえて知る必要はない。イエスまではたとえ何もなかったとしても一向に構わない。創世記が最初に書かれたわけではな

い。つまり出エジプトの如き現実的出来事が先にあった。かくて神の啓示は恵みから始まっている。そこから逆に考えてアダムの堕罪へと思い及んでいる。そうであればアダムの話を歴史的事実として受け取らなくてもよい。つまり旧約、新約ともに恵みから発している。すると終末においても恵みの完成として何かを賜ると信じることは神の恵みの啓示として一貫する。もっとも恵みとはいえ例えば詩編ということであれば、そういう詩編の授与自体が神から人側への関わりの開始であり恵みといえる。そういう点からは人の堕罪の話は恵みと恵み、つまり詩編とイエスとの間に入ってきた一種の挿話と考えられよう。つまりアダムの話 ― 福音 ― 歴史書など ― イエスというように平面的な物語として理解すべきではないこととなる。かくて旧約の各文書の順番をその成立順に変えねばならない。なぜならそれが本来の信仰のあり方を反映しているから。かくてアダムの話はあくまで神への人の罪の告白であり、歴史的事実を現してはいない。西洋式の自我の立場から読むと、そのように解しやすくなってしまう。十戒でのこれを守れば恵みを施すという話とアダムの堕罪の話とは内容的に矛盾する。なぜなら後者は既に罪を犯しているから。

　一方、前者はそうではなく、まだ堕罪はしていない。だからこそ戒めが与えられていると解しうる。もっとも堕罪を前提してもそういう考え方をすることもできるが……。つまりどこまでもアダムの話は神の恵みへの信仰告白の一環として読むべきこととなる。だが残念ながらその堕罪の事実を人類の歴史上の出来事の中に位置づけることはできない。たとえそうであっても無碍即良心の立場にあれば、無碍なので自分の自我への囚われが消えており、支障はない。こう考えてくると、無期延期となっている終末についてもその分受容しやすくなってこよう。人の堕罪と終末とを神の恵みへの特別の告白を表明する出来事として受け取りうるから。しかもそれら二つの事象はともに人の知によっては解明しえぬ点で共通しているから。こうしてこだわりなくこれら２つを受容し得ればこれらの事象へ特別の意識を持つこともなく受け入れられよう。結果、信仰に関する種々の事柄へ集中することも可能となろう。ともに人の知性では。その存在、時間・場所的位置づけなどを決め得ない。そのことがかえって信じることを可能とさせている。こういう信じ方は無碍とかえって呼応する。文字通り"淡々と"自己の責務に励むことができよう。この"淡"から熱くない熱い思いが湧いてくる。平熱

第3章　良心と終末　*167*

のままである。アダムの話から順に信じるのでは信仰とはいえない。物語を信じているのみで創造者たる神を信じているのではない。理、知性を超えたところがあってこそ神を信じているといえる。イエスに直接あったり話したりの世代ではそのインパクトの大きさから自分たちの存命中にも再臨ありと感じても不思議はない。歴史的事実としてはモーセ以後のことぐらいしか知らぬのだから、たとえそう考えても違和感はなかったであろう。直接知っているのにそう信じないとすればかえってその方が今から見れば異和なのではないか。

　救済という意味合いでの創造と終末、つまり始まりと終わりとはともに人には分からない。もしどちらかでも分かれば、人はその時点で人の地位を捨てて神の地位へと上げられることとなる。一方、自然科学的意味でのそれらについては科学の発達で今以上に分かるであろう。だがそういうことがいくら分かっても、それは人の信仰的意味での救済には何ら関係のないことである。そこでいくら分かったところで信仰的には無意味なことでしかない。それら双方、始まりと終わりに対して中間のイエスのことのみは分かっている。だからこそここを支点として神への信仰をする以外にはない。宇宙の始まりが分かっているように自然科学的終わりがもし分かるようになれば、救済的意味での始まり、つまり堕罪（アダム、エバの話）の話の不思議さも救済史的意味での終わり同様に分からぬので、双方とも分からなくて何の不思議さもなくなってこよう。いずれそういう状況になろう。人類発生の当初は当然人口も少なく、あるいはアダムの話まがいの事態が本当にあったかもしれない。だがそれは今では確認の仕様がない。終わりがいつ、どこでか分からぬのと同じである。創世記が最初に書かれたわけではないことをそれほど気にかけなくてもよい。イエスの啓示を信じることの一環としてアダムの話や終末をも信じる。これがイエスの啓示以後の信仰の基本的あり方である。人は上へいかぬままで上へ行き、神は下へ降りぬままで降りている。神も人も各々のところにいるままで人は上がり神は降りてきている。当時の世界観では三階層でしかも第三の天などもあった。そこへ人としては上がることを思うことは当然生じよう。

　一方、現代の世界観では人が魂としてどこかへ上がっていくような場はどこにもない。かくてそこへ上がっていくことを体験するのを思い描くことも生じないのではないか。死ねば当時では黄泉の国に行ってそこにじっとしているとイメー

168　第 2 部　「天地」へ向けて

ジしていた。そういうことを現代ではできない。たとえ死者の国のことを思って
も現実にそういう世界がどこかにあるとは考えてはいまい。そういう死者の世界
をいわば裏返し（上返し）が死の反対の世界、つまり永生を受けた者の行く世界
となる。だがそういう世界が現実にあるとは誰も信じてはいまい。死者の世界が
信じられねば生きたままで神秘的仕方でそこへいく第三の天の如き場を思い描く
こともできまい。そういう意味では現代人はこの可視的世界の中に閉じ込められ
ているといってよい。逃げ場がない。当時としてはその世界観と旧約の啓示とが
双方ともリアリティをもっていた。

　現代では今現在の世界観、宇宙観があり宗教的世界観はリアリティを失った。
後者のみリアリティを保持している。かくてこれに基づいて思考する以外にはな
い。すると心がどこかあるところ、例えば当時でいえば第三の天のごときところ
へ赴くという発想は不可となった。なぜならそういう場はもはや存し得ないのだ
から。たとえそういうことに思い至ってもそれは当人のたまたまの思いつきに過
ぎない。それのリアリティを裏付ける如き超個人的なものは何もないから。当時
としては三階層的世界観に基づく第三の天はそういう超個人的意義を持っていた
であろう。そういう点ではキリストの復活に当たって手のひらに釘のあとを見て
信じた話が出ているが、そういう信じ方も超個人的、客観的性格のない事柄に
基づいて信じているのと同じことであろう。真に正しいとはいえまい。もっとも
霊的世界が存在することが超個人的意味、客観的意味を有していれば話は別であ
る。たとえ大多数が有していなくても個人としてその状況を突破してそういう世
界の存在を信じる地平へと抜け出ることが要請されているのではないか。それこ
そ啓示といえるのではないか。モーセ、イエス自身の場合もそうではないのか。
自分自身以前に存していた何かに依存してのことではない。過去のものに基づい
てはいるが、決して依存はしてはいない。新たに自己がそこから出発している。
啓示とはすべてそういう性格のものである。

　可視的世界として創られることは二次的なことに過ぎない。表象として作られ
ることこそ第一次的創造と考えられる。パウロが第三の天云々というが、そうい
う当時の世界観での表現の際そういう仕方のほうが当時特有であり、内容は時代
を超えた普遍的なものといえる。人の心が世を超えているところからの時代を超

えたものだから、しかも内容は体験主義的ではなくて知的性格のものだからである。普遍的とはそういうことである。パウロは第三の天へ上げられたといっているのみである。その人格的内容については何も述べてはいない。イエスもエリヤと会っていた。パウロもダマスコでイエスに会い、終末では主に会いいつもそこにいるという。このようにイエスもパウロも各々の人格と一致する存在と会っている。あるいは会うことを期待している。それに反して例えば終末後の世界がそうなることについてそれ自体として取り上げてはいない。信仰とは人格中心的事柄である。そこで世の様がどのように変わろうとも、そういうことには二次的意味しかない。かくて自分としてはパウロに相見えるとことを期すというのが適切である。その際の宇宙や地球がどういうあり方であってもそういうことには関心はないということ。宇宙が丸であれ、三角であれ、四角であれ何でもよい。キリストの復活も人格としてのあり方の極致として理解しうる。パウロの「顔と顔とを合わせて」（第一コリント 13, 12）というのは人格主義の極致である。キリストの復活にも匹敵する。神を知りえず畏るべきものにかかわらずそういっているのでなお更である。

　さらに、このことと同時に人の精神性に基づいて、その時の世界観との連関においてではなくて、先の語という人格主義的発想と一つに精神性によるイメージの世界が生まれてくるのではないのかと感じるのだが……。「霊は一切のことを、神の深みさえも究めます。」（第一コリント 2, 10）という言葉も人格主義の極致を現している。しかもその「神の深み」の内容をここでは述べていないが、それを後の人が明らかにしていくことが使命となるのではないか。パウロが（神と）顔と顔を合わせてというが、これは自分がダマスコ途上でキリストに相見えたこと、およびモーセがシナイ山で顔覆いをつけて神と会っている。これらとの関連でそういっていると思われる。モーセのように顔に覆いをつけずに神と相見えるという。その上、キリストとは既にそういう形で会っている。これらからの神への更なる思いがこういう発言へと結合している。キリストとはダマスコ途上で既に顔と顔とをという形で会っている。そこで神とのそういう形での会うことのみ残っている。それが終末ではかなえられる。モーセが神と会うとき顔覆いをしていたが、そういうものなしに直に会うのだ。ダマスコでキリストに会ったあと、目が見えなくなっている。このこととモーセが顔覆いをつけていたこととは無関

係ではあるまい。覆いをつけていたので神と出会っても目が見えなくなってはいない。キリストにはすでに直に出会っている以上、さらに会うべきものとしては神自身以外にはない。ダマスコで会った者を本当にキリストだと信じていたと思う。だからこそ終末では「神」と顔と顔とを会わせてという事態を思い描きえたのであろう。パウロの場合は先のようだとして我々の場合はどうなるのか。各人の心の中に各々固有な形で良心として受肉している。そのことに基づいて人が無碍になるよう努力すればするほどそういう良心という形でキリストの存在が大きくなり最後の日には神とさえも顔と顔とを合わせてと告白しうるほどキリスト、さらには神の存在が極大化していく。その行き着く先が神と顔と顔とを合わせてという状況である。終末の世界にしても精神的、良心的な心の世界である。そこでそれはこの可視的世界の終末とは別に考えることもできる。それはそういう可視的、また世俗の世界とは離れている。日常を離れた場合にはそういう世界を人は知ることができる、体得しうる。可視的世界の終末がこようと、それ以前であろうと、実存的終末がそういう終末以前にきているのである。モーセのシナイ山、パウロのダマスコもそういう意味合いをも持っている。それらはいずれも日常生活から離れていることを意味している。後者は信仰生活へ浸りきることであり特にそうである。そういう状況が自己の信仰の徹底を自覚させている。

　神秘主義的体験はいまだ実存的終末の世界の体得ではない。なぜならそれはいまだに自我に基づいた世界であるからである。終末の世界は無我が、無限と一の世界、知的世界である。通常の知性を超えた超知性的世界である。無我がそういう世界の体得を可能としている。自我に基づいた神秘主義的世界は世界中いたるところで形成されている。かつてのユダヤ教の世界にもあったことであろう。インドの特殊な宗教的世界でも。西洋のキリスト教世界でももとより。その点から考えても、無我の世界は必ずしも例えばインドでの特殊な修行したような世界とは次元の異なることといえる。そういうインドの世界はなお自我に基づくといえる。無我とはそういう現象的、外的派手さとは別次元のことである。そういう派手さの追求自体が自我から由来していることもあろうから。良心へ帰するところに無我、無碍の根拠を見いだすことができる。体験主義的次元の事柄ではない。帰するという事の意味だが全ての面でそれを実行できることをではなく、そのことを心底より承認するところにある。キリストの復活の承認をメルクマール

第3章　良心と終末　*171*

にはできない。なぜなら自然科学的観点から奇跡として受け取ってしまい、それ
の承認と考えかねないから。良心の観点からはキリストの復活はごく当然のこと
であり、何の不思議もない。そこでこれを承認したからとて無碍になれていると
は即断、速断できない。別の基準が必要である。当人の良心が試される基準であ
る。良心が終末での判断基準たることが分かってきたら、キリストの復活とか自
分らの復活を含めた新しい世界の創造が今まで以上にリアルに感じられてきた。
しかもそれらをすべて主に任せており、新世界の創造の構成などもすべてあなた
任せにしておける。人はその点について如何なる責任も持つことはない。イエス
が「私はあなたがたの居場所を用意したら、戻って来て……」（ヨハネ 14.3）と
いう。こういう場所の用意という考えは当時の人の世界について表象、世界観を
想定してのことと考えられる。人の心は身体を離れるというイメージが初めて浮
かんできた（27.3.24）。そのためには身体が日常生活の場を離れねばならない。
身体のそういう離れと心の身体からの離れとは一体である。前者の条件さえ整え
ば後者も自ずから実現していくであろう。もっともこのように考えうるのは既に
自我崩壊によって心は世、世の事柄から基本的にいって離れているからである。
この条件が欠けていてはたとえ身体が日常生活から離れても心は身体から離れる
ことはありえない。心による地離れ・天飛翔であるが、地はこの世なので具体的
に分かるが、天についてはそうではない。今はまだ明確ではなく、仮にそう名づ
けているに過ぎない。この点はパウロ当時のように三階層的世界観のある時代と
今とでは大いに様相が異なる。当時としてはそういう天の世界が本当に存在する
と思われていたであろう。

　自分自身が良心的に納得しうる場は啓示された神、キリストのもとにしかない
ことがこういう終末信仰（上げられていつもそこにいるであろう）の背景にある
と、そういう意味でキリスト信仰は徹底して人格的信仰である。自然のこと、歴
史上のことについては神の啓示による記述と人の側からの信仰的表白という二つ
の場合があるのではないか。存命中での終末期待は後者ではないか。同一の事柄
についてそれら二つの場合があるということもありうる。むしろそれが通例のこ
とといえよう。歴史の中への神の啓示という出来事を信じることは神の創造する
力への信仰の一形態、一現象形態と考えることができる。神の創造の力への信仰
は人の無的存在への認識と一体的である。無だからこそ神によって創造されてい

172 第2部 「天地」へ向けて

るものである。神から切り離されては何らの意味も存在性もありはしない。どちらの契機が先とはいえない。同時以外に真の成立はありえない。霊が真に人の心の中に入ってくれば創造から終末まで全宇宙が自己と一体化する。そこで自己は神と同じ立場に立つこととなる。アルファからオメガまでが神を経由して自己化してくる。同時に自己は無化してくる。つまり宇宙が神を経由して自己化する。宇宙は自己化を経て無化してくる。宇宙はかくて自己化、無化となる。神と自己とは相互に相手「　化」されることとなる。ただこの場合の「化」とは相手がなくなってしまうわけではない。相手は独立の存在でありつつそうではなくなっている。自己がいわば無化、神化されることにより自己は死ぬこととなる。そのことにより現実の死をも克服する結果になっていく。「死よ、お前の勝利はどこにあるのか。」（第一コリント 15, 55）とパウロもいっている如しである。自己がただ固有な存在ではなくなり、神化されることによって自己の死も克服されている。存在が無化されなくなっているのだから、死が同時になくなるのは当然である。死が無化され死化される。無化と霊化とは一つのことである。霊化とは良心化という中身を持つ。内実的には双方は一の事柄である。自己の完全消滅をも神の名の下において肯定できねばならない。このことは無碍即良心の無碍と一のことである。神さえ生きていれば自己の生など問題外である。

　一旦、キリストを信じればその後はあえて信仰を語る必要はない。信仰が入ると人が関わっている印象を生む。だが人の心がパウロのいう「空中で主と出会うため……いつまでも主と共にいることになります。」（第一テサロニケ 4, 17）というほど神、キリストに近いのなら、あえて「信仰」という語を入れずともよい。人という壁は既に突破されてなくなっている。そこが信仰の究極であろう。人の心の中では仕事を遂行せよという声が響く。それを自分自身の声として聞くのみではなくて、自己を超えたところからの声として聞く。つまり神の声として。ここに人の境界を突破した次元が開かれてくる。これまでは自我の残滓がそういうことを、つまりキリストの声として聞くことを妨げていた。やっとそうなってきた。これは知的体得ということを意味する。体験的次元のことではない。ここに終末において神、キリストと会いいつもそこにいる（同上）という告白の根拠がある。このことは良心としてキリストが受肉していることとも一の事態である。良心からこういう声が生み出されていると考えられる。命より良心が大切な

のである。良心的判断を貫くためなら死をもいとわない。キリスト教組織が良心に背くと判断されることを要求してきた場合にはその組織からは離脱する。良心のほうがキリスト教の既成組織より大切である。来るべき国とは換言すれば要は良心の王国と言い換えられよう。これさえ実現すれば、いわゆる終末が来ようがいまだであれ、それは天国といってよい。「天」国が「地」国となっている。宇宙全体を天地人と考えれば、それらのうち少なくとも天とは良心の舞いといい換えてもよいかもしれない。未来的終末を考えるのはいまだ実存的終末が来ていないから。後者が既に来ていれば前者を思うことは必要ではない。既に到来した終末に基づいて生きているのだから。既に終末後を生きているといってよい。今現在の生において必要のないことをあえて考えることは人として行いはしない。死はかなたへと去っている。生き物としての人には生死はあるが、「人」としての人には生死はなく生あるのみである。終末において激しい変化を期待するのは結局現在の自己のあり方（究極的には人間的、人格的次元での）への失望からである。これはすなわち自己自身への自己の失望を意味する。この点さえ無碍によって解消すればそれに伴って前者、つまり激しい変化への期待も自ずから影を潜めよう。そうならざるを得まい。一旦そこまでいけたらその後の人生では何かがあるたびにその事柄がすべて無碍即良心を実現していく機会となってくる。人は死ぬまで、世に生きている限り、そういう状態から脱しきることはできない。イエスは「わたしのために命を失う者は……」（マタイ 10, 39）という。この場合、イエスのために命を失うとは人が各自の人生の各々の場面において自己自身の良心に従うこと以外ではない。聖書という文字に書かれたものに基づいて各自の人生の各場面で如何に言動するかの方針を導き出すことは可能である。なぜなら各自の各場面は文字通り星の数ほどあり無数であるから。文字に表された具体的指示はあまりにも数が少なすぎて対応不可能である。

　確かに山の中へでも入り仙人の如き生活をすれば、あるいは種々の良心の取り組むべき問題に出くわす機会もないかもしれない。だがそれでは「人」としての生活を放棄することとなる。人ではなくなってしまう。人である限り、人として人の世界に生きている限り、人は種々の誘惑に出くわすことを避けることはできない。かくて生涯試みの中に暮らすこととなる。終末ではパウロのいうように天

174 第2部 「天地」へ向けて

に上げられ主といつもそこにいる（第一テサロニケ4, 17）ということと、その時までは人は世に生きている限り良心は試みに会うことを避けえないこととの2つの真実についての確信に至らねばならない。終末でのイエスとの出会いへの確信と人が今現在での生において良心に則って生きることとが一であり、しかも前者こそが後者を生み出している契機である。かくて前者なしには後者もない。パウロではまさにそうである。復讐は我にあり（ローマ12, 19）ということも結局人が良心に背くことが根底にあってのことと考えられる。つまり人が自己の良心に目覚めることを促している。初期のキリスト者の殉教も究極するところ自分自身の良心に反することはできないという事態に突き当たることとなる。キリストを信じることは陽に暗にそうであるよう促している結果である。心の中の啓示である良心と外にある啓示たるイエス・キリストという内外2つのキリストの呼応という点に人の立つ瀬が存している。それ以外にはありえない。キリストとキリストとの対話という事態がその本質である。この関係は生きたものであり、したがってそのことをこれこれこういうものだとして第三者が決めうるものではない。例えば終末という点についてもそういう生きた関係の中で決められるものであり、事前に決めておくことは不必要でもあり、不可能でもある。人が無碍になるほどこういう構図が当人の心の中に実現してくる。

　そこで人のすべきことは自身の身にこの構図が顕になるよう努めることである。自己の側、つまり人の側に属すものが減少するほどこの構図は内からも外からも顕になってこよう。終末観などの終末的発想はいかにも時代的背景があってこそ存しうるかの印象を受ける。だがその内実は人の心に内在している良心的判断のほうにあると考えられる。したがって主たる要因は後者のほうであり、前者はいわば舞台装置に過ぎない。そこで前者が如何に変わっても後者の本質は何らの影響もない。その本質とは実存的終末、創造である。舞台装置はこういう内容を包んでいるものに過ぎない。本質は歴史を越え時を越えているものである。神の啓示の受容のためには罪の渦巻く人の世の中にとどまり、生きることとそこを離れて静かに自己の心へ集中することとの一見相矛盾した二つの状況を要する。一方のみでは啓示に接することはできまい。そこには目に見えざる教会ができていると考えうる。例えば誰かの書を読みそれに心底より共鳴する人々との間にである。これこそ霊の教会、真の教会と判断できる。この教会は国境によって限

られてはいない。真に国際的である。パウロは空中に上げられ、いつもそこにいる（第一テサロニケ4, 17）という。ここでは死は克服されている。無碍即良心という際の無碍という契機のうちには死という契機も無化されていることを顕にする。今この世に生きつつ死を超えている。すなわちこの世界を超えている。終末観の根本はここにある。死を克服し、神による創造の原点に立ち返っている。この立ち返りは同時に神による創造なので人格的内容を含むことはいうまでもない。つまり良心への立ち返りである。そういうことを可能としてくれる。しかもこういう死の克服、良心への立ち返りを可能とするのは人が神への信仰へ自己のすべてをかけていることが明確であることが条件である。この点が不明確では死の克服を可能とする啓示を賜ることは行わない。人の誠に対して神も誠を以って応える。そういう観点から見ると、無我を探求しているのはいまだ人の営みの範囲内に入っている。人格的性格を有する啓示の神を信じることへ人のすべてを賭けるのとは明らかに異なっているから。こういう人のすべてを神への信仰へ賭ける姿勢は殉教へも通じている。無碍になることは特別のある出来事なしでも起こりうる。だがそれに即良心が加わるには具体的な出来事が生じねばならない。そういう出来事が人を新たに人格として生まれさせる。しかもこういう出来事は単なる心理的現象ではない。当人の人生のあり方を根本から変える力のあるものである。パウロへのダマスコ途上でのキリスト顕現のように。

　心の中ですべての事柄と縁切りすることによってすべてを一度捨てている。そこでその後何が与えられてもそれを神の恵みとして受け取りうる。イエスが富んだ青年にすべてを売って貧しい人々に施せといった（マタイ19, 21）のは本人が一度もそういう心の縁切りをしていないからである。如何なる状況に置かれても最も大切なものが何であるかを見失ってはならない。すなわち国民一人ひとりの心に信仰の何たるかを送り届けることである。その一事のためにはあらゆる不便、我欲の放棄などを忍ばねばならない。それこそが神、キリストの自己に対しての求めである場合には。人が信仰を求めていれば、それ以外に選択肢のないように状況を整えてくださる。人はその道を行けばよい。その道こそが最も大切なもの以外のすべてから人の心を引き離していく方法でもある。迷うことはない。最も大切なものから目を離さねば自ずからそういう不信の道をいくこととなろう。富んだ青年のような問いをイエスに対して行うこと自体が既に本人がそれま

176 第2部 「天地」へ向けて

でに信仰のために他のすべてを一度心の中から排除した経験をしたことがないことを現している。しかも神の示す道を行くことのできる選択はそれまでの自分の取ってきた道や行ってきたことへの自信、信頼からいわば自ずから生まれてくるものである。それまでがガタガタではそういうところからは専一的な道の選択は生まれては来ないであろう。人は自ずから覚悟を表明する行いへと押し出されていく。それは何よりもまず自己自身が自身の覚悟を確認したいがためである。このことは信仰自体の表明と同じことである。そこでこのことは他の如何なるものを以ってしても代替しえぬ事柄である。「子供のように神の国を受け入れる人でなければ、決してそこに入ることはできない」（マルコ 10, 15）とイエスはいう。このことは人の無碍を別の形で現している。幼子は自分自身で種々の判断は行わない。つまり自我はないといってよい。無碍即良心という際の無碍とどう関わるのか。「如く」という。したがってこれはあくまで例えとして挙げられていることと解しうる。決して幼子のあり方自体がそのまま神への信仰と三本線で結合しうるような意味での合同ということではない。あくまで例えである。幼子は例えば母のいうことをよく聞く場合もある。だがそれとまったく反対の場合もあろう。そこでイエスのいっているのは幼子についての前者の場合と理解できる。後者は別である。実際問題として我々は幼子という言葉については後者より前者のイメージを平素から抱いている。そういうイメージにイエスは訴えようとしたのであろう。さもないとそういう例えはしなかったであろう。

　一方、信仰においての無碍というものは幼子でいう後者の欠けた前者のみを意味していよう。パウロ当時と違い個人としてできることには限界があるのではないか。例えば彼が行ったように個人として伝道して歩くことは有効であろうか。自分としては何をすべきか。自分の考えを書物にしたためて書き表すことはできてもそれ以上のことができるであろうか。人には各々の資質というものが備わっているからである。各々の人がその特性を生かして各々の務めを果たすことが重要であろう。ただどの人もそれぞれの事を担当するにあたっては世と向き合っているという姿勢は不可欠であろう。そのためにはあくまで深く考えることに中心はあるとしても、何らかの仕方で伝道への参画を要しよう。書物を読んでそこでの考えのすべてに一度に共感できずともその一部にでもそうできればそういう考えの普及に協力することはできよう。その際、信仰の根幹に直に触れるところ

ではなくて、現実的次元、社会、政治、経済などの事柄での考えへの共鳴からの行動も可能であろう。逆もまた真ありというところであろうか。なぜ現代ではパウロのようにはいかないのか。個人の資質という点もあろうが、その点は除外して社会的状況から考えたい。当時に比して人の生活において宗教的次元の事柄に比して世俗的次元に属す事柄に比重がはるかに重くなっている。そこで後者のほうから入っていけばかえって前者の次元へも理解が届くことになっていくとも考えられる。そういう点からはその根源は聖書由来の社会、政治に属す考え方をまず声を大にして叫ばねばならぬこととなる。そのいわば副産物として信仰へも人の目を向かわせるという本末転倒の道が要請されているのかもしれない。いきなりキリストの復活というのでは新約のどこかにあった（使徒言行録17, 32）ように、「いずれまた聞かせてもらう……」ということとなってしまうから。やはり人々の平素から関心を有している次元へ降りていくことがまず求められよう。宗教的から世俗的次元への降下である。だがそのことが人々の心を上げる結果を伴う可能性がある。なぜならそれら双方の次元は不可分一体であるから。世俗的次元が備わることによって信仰が受容される素地が形成されていくと考えられる。信仰受容のための素地を先に用意することも極めて大切な事業である。そういう仕方でやればまず他のことで人の関心を引いておき次に信仰を持ち出すという印象はないであろう。なぜならそれら二つは本来一体であるから。信仰的次元のことがあればこそ世俗的次元のことがそこから生まれたのだから、前者なしには後者は生まれ得なかったであろう。しかもそういう世俗的次元のことも良心的判断と一体のものなので一般の人々にも受容しやすい点こそが重要なことである。というよりも根本的には人の良心は信仰と元来一体のものなのである。

　ローマ帝国がキリスト教になった際も個人別に改宗した結果ではあるまい。社会的事情が先行していたのではあるまいか。同様に現代においてもその具体的様相は異なるが、キリスト信仰と一体の社会的体制は信仰を度外視しても人の良心と一致するので、そういう体制ができ上がればそれに基づいて信仰が人々の心へしみ込んでいくことも生じるであろう。たとえ人々が教会へ行って信者にならずともそれに匹敵する、あるいはそれ以上に信仰的である場合も生じてこよう。無碍となればなるほど人の心はキリストの出来事へと差し向けられる。啓示が啓示

として顕になってくる。世のことが視野から消えることと啓示が啓示となること
は平行する。具体的にはどういう事態が生じるのか。人の側としてはその良心が
イエスの説教や行いに対して呼応することとなる。しかしイエスのそれらがただ
単なる人次元のことではなく神的次元のことだということはどこから由来するの
か。人の心が無碍となることによってイエスという存在が自ずから神的存在であ
ることを顕にしてくる。元来そういう存在であるのだが、人の罪がイエスをそう
いう存在として受容することを妨げている。そういう障害が人が無碍になること
によって除去される。目のうろこが取れる（使徒言行録9, 18）といわれている
通りだ。心のうろこ、すなわち碍が取れることによって目も自ずから同様になっ
ていく。イエスが神の子として顕になると、自分のことはすべてイエスの任せ
ようという気持ちが自然に湧く。だがイエスは今自分の目の前にいるわけではな
い。通常は目の前にいて自由に何事でも相談できて初めて任すことができる。に
もかかわらずイエスは二千年前に生きていた人である。そこでそういうことはで
きない。にもかかわらずそういうことができるのか。良心は元来有限な世界の枠
内に留まりうるものではない。精神的次元のものは常に無限なる存在を探求して
いる。そこでイエスの存在に自己の心に内在している無限な存在を見ることとな
る。結果、自己のすべてをイエスに任せることとなる。すると任せるとは如何な
ることか。任せると考えるので、それとはどういうことかと考えてしまう。だが
現実には自己は無碍なので任せの対象となる自己などありはしない。イエスを無
限者として信じるのみである。そのように信じられたイエスは生きた存在として
人の心を動かすことになる。その時例えば福音書に書かれている個々の言葉を人
が自分の規範として受容するというのではない。そうではなく自己のうちに内在
となっているイエスが自由に働くという仕方でそうなる。そうあってこそそうい
うイエスは無限の存在なのである。だからといってそのイエスは福音書などに示
されているイエスとまったく別なのではない。後者が前者へと生まれ変わってい
る。人各々の内で各々の人の内面に合わせて自由に無限の形をとりうる。自由即
無碍な形態といってよい。

　そういえば福音書の中でのイエスの教えは人の良心に合致している。それの
みではない。十戒もそうであろう。たとえそうでも心の中のイエスと外の福音書
の中にあるイエスとが合同になってしまうのではない。どこまでも別の存在であ

る。ただ人の心の中で働いているイエスが生きている限り、外のイエスは取り上げられはしない。なぜなら今現に自己の心の中でイエスは生きて働いているのだから。ただ外のイエスはいつも存してはいる。さもないと内のイエスのモノローグに陥ってしまうから。内外のイエスが双方存していてこそ内は内、外は外のイエスとして機能することができる。相互に刺激を与えあい、支えあう。しかも王いうイエスの二即一的あり方が生きるのは人が人の世界の中に留まって生きていてこそである。人の世界を離ればそういうあり方は不要となってしまう。かくて人の世界の中に留まり内外一のイエスに生きることの中にキリスト信仰は存している。中にあることがその中を突破して彼方に出ることを可能にせしめるのである。中から直に外へ出るのではなくて、反対に中へ入り込んで後に外へ出る。「中」と接触せずに外へと出るのではなくて、「中」へ入りそこで自己をいわば見失うことによって「中」を出ることとなる。つまり自己を見失うほどに「中」へ入っていくことを要す。自己のうちのいくらかの部分が「中」へ入らずに残っているのであってはいけない。そういうあり方は人の良心に沿うあり方ではないから。良心に沿わないあり方は外のイエスに従う生き方・あり方ではない。外のイエスが存していればこそ人はいわゆる神秘主義に陥り得ない。自己への埋没的あり方からはいつも呼び出される力が働いている。自己の内面から現実世界へである。しかも無碍即良心という信仰の根幹によって世の事柄は原則として忘却の彼方にある。そうであればこそ世の中にあってイエスと良心とを三本線で結合したあり方に従って生きりることとなる。世俗的次元のことより良心的次元のことを優先することは「わたしの天の父の御心を行う人が、わたしの兄弟、姉妹また母である。」（マタイ 12, 50）といっていることでも分かる。このことは肉より霊優先と一致している。人は元来反骨でもなく反対に順骨でもない。本骨とでもいうべき存在であろう。つまり本来「人」としてのあるべきあり方にあるという意である。

　信仰の成就という点から考えて、それが最後の事柄といえる具体的な出来事における当人の決断が信仰を成就させるという結果をもたらす。例えばパウロのダマスコ途上でのキリスト顕現に知られる。富んだ青年へのイエスの言葉すなわち持ち物を売って貧しい者に施せ（マタイ 19, 21）という場合もそうであろう。「決断」という事態のうちにはそう信じるという本人の信仰の生起が入っているのは

180 第2部 「天地」へ向けて

もとよりである。本人が疑っていてそう信じ切れないのでは如何ともできない。それが最後の事柄でない場合には、本人がそれに対して決断を行い、そのことを信仰の生起のきっかけにしようという心境にもならないであろう。このことはちょうど筆者が「聖書の示す罪と赦し」の内容のようなことを何年か前に書こうと試みたが、その時にはまだできなかったのと同様であろう。こうしてそういう心境においていわば神との格闘が始まるといえる。これに勝って、つまり真の自己、霊の自己が肉の自己に勝って初めて、信仰の冠を授かることができる。こういう格闘を暗示させる記事は聖書の中にいくつもあろう。（例えば使徒言行録16,16以下）しかもこういう格闘は人の側に勝つ可能性が高くなって初めてそういう事態として認識される。そういう事情なのでそういう状況以前ではそういう認識は生まれない。かくて神との格闘など思いつきもすまい。こういう格闘は霊と肉との格闘のいわば代理戦争の如きものである。勝てる見込みあってのことなので一種の余裕があるともいえる。こういう争いはすべて信仰を巡ってのことである。かくてこういう類の格闘にまで至りえたことはまさに神の意思の表れと解しうる。ここに神の「捨てよ」という声を聞く。結果、イエスのいうように天に宝を持つこととなる。このことは具体的にはどういうことなのか。天とはもとより地に対していう文言である。だが誰も、イエス自身は別として、天に行ったことはなく見たこともない。

　かくて天とは地に対していえば内容的には不確定要因が強い。それだけに地からは独立した精神的世界である。独立していればこそそれは人の心を支配しうる可能性を有している。何ものにもそういう行いを妨げられることはないから、ただ心が地から離れることと一つのこととしてしか人には与えられないものである。人は地に宝を持つか天に宝を持つかどちらかである。どちらにも持たぬことはない、つまり天に持たぬ限り地に持っている。たとえ本人にそういう自覚がなくても。人はそのようにできているのではないか。天に宝を持つことは人の心の自由を意味する。自由と天に宝を持つこととは一つである。天にさえ宝を持たぬことは無我ということを意味しよう。しかしキリスト信仰にはそれが即良心ということである。つまり無碍即良心である。無我というのならそれは如何なる宝をどこにも持たぬことを意味しよう。キリスト信仰はそういうものではない。天の宝が世にあって無碍即良心というあり方を可能にしている。天とは無限定的でし

かも特定の内容によって占められていないからこそ、それは神に通じうるものた
りうる。金銭への執着との格闘はただ単にそういうことではなくて、良心的判断
を貫くことでもある。かくてただそういう執着をいつも捨てた行為をすればよい
のではない。それでは仏教的な無我の行いと区別できなくなってしまう。あくま
で異なっていなくてはならない。またそのはずである。それだけに単なる無我以
上に難しい状況におかれていることを意味する。良心的判断に従いつつ、同時に
例えば金銭への囚われを断つ行いとはいったいどういう行いなのか。その分それ
だけ心にとっては重荷となる可能性がある。そこを克服してこそ天の宝へ至りう
る。信仰のための種々の行いがそういう意味合いを持とう。一定のところまで至
るまでとそれ以後での活動がそれぞれの意義を持つ。求道と伝道という道での努
力である。そういう観点から見るとき、具体的には書物の出版や伝道活動などの
行いは無碍即良心から由来することである。これらの行いは良心という、またそ
のために費用を費やすのは無碍というそれぞれの契機に呼応する。したがってこ
ういう種々の行いは無碍即良心を地でいくこととなる。もっともこういう過程の
中で色々考えること自体が天に宝を持つという結果をもたらす可能性もある。命
への執着からの解放、種々の惑わしへの無関心、さらには金銭への囚われからの
自由などがそこへ至るには通過するを要す。ただ世に生きている限り、如何に世
からの自由とはいってもある程度の経済的条件は満たされる必要があろう。こう
いう事情から改めて金銭への執着が生まれかねない。基本的には誰しもこういう
事情に置かれている。そこで必要以上にそういう事情の中に巻き込まれぬために
は良心的判断からすべきことへお金を使うのが最も適切であろう。

　結果、少しでもそういう状況を前進させられよう。そうすればそういう事柄へ
の囚われから少しでも解かれよう。自分としてはもはや執着はないと感じていて
も意外に残存していることもありうるから。世を生きるに当たって必要な何かを
するにもお金なしにはすまないから。良心的判断からのお金の使い方はそれをい
わば日本全体のために使うが如しである。決して自分のために使うのではない。
だからこそお金をいわば捨てたことともなろう。囚われの克服を意味する。すべ
ての日本人へ少しずつお金を贈与したようなものであろう。信仰という特定の色
のついたお札であるが。だが一方で異なった価値観の支配する世に対して特定の
庇護なしに向き合うことは当人の思索が真に究極にまで届くには不可欠な要件で

あろう。さらに無碍即良心ということだが、やはり良心のほうが優先しよう。な
ぜならそれは積極的要因を意味しているから。前者はそうではなくてネガティブ
な要因といえよう。だがやはり積極的な行いにこそ「天」という要因は伴う。イ
エスのいう貧しい者に施せという文言もそう判断できよう。また伝道する側とし
ては一人ひとりの心へ信仰を伝えることが最も重要なことなので、そのことのた
めには如何なる状況をも受け入れ、それと和する、つまり無視することを要しよ
う。

　何らかの仕方で世に対して信仰を伝えようとすれば、いわば自己は神に直結
した存在とさえなっていよう。そこで自己が宇宙の中心となっている。そういう
自覚が生まれてこよう。つまり世において神を代弁する存在となっている。世に
あっては現時点では自分以上に神に近い存在はいないこととなる。イエスはもは
や地上にはいないのだから。そういう自己認識が信仰に関しての不安を除去す
る。世においては自分以外に神、イエスを代替しうる存在は残念ながら一切ない
ということである。心底からの伝道活動はこういう自覚を人に生起させるであろ
う。こういう心境になったときには世や世界のことはすべてその視界から基本的
には消えている。ここにおいては神（イエス）と自己という二者のみが存在し
ている。他の者は一切存在してはいない。「存」していても、「存在」してはいな
い。これは無碍即良心という事態の現れである。天上は別として天下唯我独「存
（在）」である。こういう状況にあればこそ世にあっての如何なる事柄をも神との
関わりにおいて受け取ることとなる。例えば鳥の泣き声一つとってもそれを神の
呼び声として聞くことも生じるかもしれない。なぜなら鳥というものはもはやそ
れ固有な存在としては存してはいないのだから。存在しているのは神、イエスと
自己のみである。そういう人のあり方が同時に人に死を超えさせているのか。鳥
の声に限らずすべての事柄が神由来となってくる。かくて自分の周りのものはす
べて神という色合いのついたものである。すべてが神、神、……神である。そう
いう色合い抜きのものは存在していない。そうでないものを探すことはできなく
なる。ここから当然自己の死も神がかった事柄となるほかない。自己の死のみが
例外として神の色合い抜きの世界に存していることはできない。
　かくて死の克服は全世界が神がかりとなってきている状況の一派生的現象に

第3章　良心と終末　*183*

過ぎないことが分かる。もとより死のみがそうなるのではない。生もともにそうなる。そこで自己の生死全てが神のいわば司る対象物へと位置づけられることになる。これも全宇宙のすべてが神の司る対象であるという事態の一側面である。ただそういうことの分かる順番はただ概念的に考えて宇宙は神の創造によるのだから、自分の存在もその一部なのでそうなのだというのではない。それでは順番が逆になっている。どこまでも実存的次元での信仰の誕生が先である。このことによって鳥の声に至るまで神がかりとなる。そういう実存的信仰が生まれて初めて結果として自己の生死がともに神の司るものとなるのだから。しかし人としてはたとえそうでも生より死のほうをより強く意識してしまう。これはまさに人の自我のなせる業といえる。かくて自我が無碍に変われば生死のうち死より生を望むという状況も克服されてこよう。しかもこのことは神が一切を司るという実存的理解と同時に生じることである。つまり生死を自我の立場から考えて選り好みするという事態がなくなる。一般には生が好まれようが、常時そうなのではない。ある人の場合にはこんなことなら生きているより死んだほうがましだと考えて自殺する人さえいる。つまり生より死が好まれている。もっともこれは本来なら生を望んでいることの反動でしかないとも考えられるが。

　生死に限らぬが、選り好みという生き方の克服が生じよう。しかし他の事柄より生死でのそれが最大の問題であろう。なぜなら生が存していてこそ他の諸問題も生じてくるから。生と死との関わりはどうなるのか。確かに生が死へと移行する。だがそれはあくまで生物学的観点から見てのこと。人格的観点からは自ずから異なる見方があろう。この観点からは生から死へではなくて、逆に死から生へとなろう。なぜなら死を意識するからこそ人格的生も存在しうるから。そういう自覚なしにはただ生きて、次に死を迎えるのみである。だが無碍であれば死などは意識しないのではないか。確かに生物学的次元での死は意識すまい。しかし無碍の背景にはそういう死が存している。ただそれに囚われていないだけであるから、まったく存しないのではない。人格的に存しないだけである。そういうことなので生物学的死があってこその人格的生といえる。この意味での生とは死のかなたでの生といえる。死から出立しているのだから、死を離れていっている。かくてそういう生を生きていることはすなわち死を超えた生を生きているといってよい。たとえ信仰的内容を欠いていても。

184 第2部 「天地」へ向けて

しかし啓示の神を抜きにしてそういう生が可能なのかがそもそも疑問である。そして死から出立の生の向かう先は啓示の神ということとなろう。そういう生の始まりの元となっているところへと向かうこととなる。一種の循環である。そういう状況の中で具体的な個々の囚われからの解放も生じてこよう。なぜ生物学的死は人格的生をいわば生み出すのか。第一に考えられることは人が人格的にできていることがある。そういう存在は元来死によって終わればよいというようにはできていない。無限を探求するように定められている。つまりそのように神によって決められている。そういう意味では人は自由にはできてはいない。定められたように生きる以外に生きえないのである。生も死もすべて神の定めの下におかれている。人は所詮神の定めから逃れることはできない。そういう次元の中で初めて人の自由は存しうるのである。神による完全規定と人の自由とは意外にも一体である。制約が即自由なのである。人が自己を神の規定の中にあると感じれば感じるほど、その自由もその分増大していく。つまり自分が神によって捕らえられていると思うほど自由となりうる。自己の全存在が神によって捕らえられているほど死ももとよりそうなっている。

結果、死は単なる死を超えて死は死でなくなっている。なぜならそこには神が入ってきているから。神の支配が死へ入ることによって死はその性格を変えてしまう。人格的生の起点へと性格を変える。生の泉となる。捕らえられること自体が人にとっては死ということともいえるが。ここでは死が生へ転換しているとも考えうる。またそうならねばならない。なぜならそうならぬ限り死は死として留まっており、生へ転換したり、新たな生への転機となってはいないから。死が生へと転換するほどその分死は本人の視界から消えている。たとえそうでも人は折に触れて死のことを思い致すことは避け得まい。そういう点では人は生きている限り、そういういわば一種の矛盾の只中におかれているといえよう。生きている限り、そういう状況を完全に脱却することはできない。ただそういう矛盾を感じる度合いを下げることはできよう。しかしそういう状況を一つの固定的状態として作り上げてしまうことは残念ながらできない。そういう状況は如何なる積極的意味を有しているのか。第一にそのことは人が人であるという自覚を持つように促す。生きている限りいわば天国に入り込んで「しまう」ことはできない。神はそういうことを許し給わない。救済史のインストルメントたるよう努力すればす

るほど、世に生きたままで天国に入る側面は強まろう。

　だがそういう面が強くなりすぎると人はいわば傲慢の罪へ陥りかねない。そこで神は人がそういう状態になることを許し給わない。神は人がそうならぬようにあえてそのように手配されるであろう。何らかの当人にとって各々にふさわしい方法によってである。信仰はどこまでも個々別々のものであるから。またそういう状況から反省していくと、天国入りを求めることはかえって罪の行いともいえよう。なぜなら神自身がそうなることを望んではいないのだから。何事につけ神の意思に従うことが第一であることはいうまでもないことである。無碍即良心とはそのことである。確かに天国に入ってしまうことはあり得まい。だがインストルメントたることは神に直結したことなので、人の世でのあり方を超えたことではないのか。したがって人の心は常にインストルメントであるという心境にあって世のすべてを超えていることはできないのであろうか。これこそ人の究極的願望ではなかろうか。そこで人としてはこの道を追い求めていくべきだということとなろう。

　インストルメントたることで世を超えることについて。牧師、神父などになってはどうか。それ自体が世俗化した世界になっているからさほど有意義でもあるまい。孤独に耐える道しかない。「世」の中に神のほうへと聖別された現実的領域はない。とすれば心の中にしか神的世界は存しえないこととなる。もっともただ単なる心の中というのではない。そうではなくて世との関わりにおいての心の中である。つまり世に対して福音をアッピールするという世との関わりの只中にある心の中にである。当然のことながらそういう心は世の上を行く存在である。その点にこそ心は世を自由に生きていく心の主体性を見いだしうるのではあるまいか。使命を果たすには世からの自由が不可欠である。そこで前者：ポジティブ、後者：ネガティブな要因で両者一体といえる。後者があればあるほど前者も生きてこよう。後者さえ実現していれば前者自体を妨げる要因はどこにもないこととなる。その分本人は自分がインストルメントとして自覚できよう。ということは自分が世を離れ神の側にそれだけ近づいていると感じられよう。神の側と世の側との双方の中間にあって前者のほうへ傾いているためにはどうあればよいのか。死への囚われがなくなるだけでは不十分ではないのか。やはりパウロを見てもポ

186　第2部　「天地」へ向けて

ジティブな要因が不可欠であろう。やはり間接的な仕方のみではなくて直接人と対話する活動が何らかの形で必要ではあるまいか。本人自身がそう感じる以上、やってみる以外にないのではないか。人の人間性によるのですべての人がそうでなくてはならぬというのではないが。

　では直接人に対して話すのと間接的なのとどう異なるのか。面と向かって話すのと不特定多数の人へ顔を見ずに話すのとの違いである。もともと文書というものは存していなかった。もっともパウロ当時でも「だれだれの家へ」というときのように書き物ということもあろうが。だが直に話すのが基本であろう。文書はどこまでも補助的であろう。そこで「直に」という契機抜きでは本末転倒であろう。「直に」という契機は自己を世へさらけ出していくことを意味する。そこから自己にとっての内が生じてくるか分からない。にもかかわらずあえてそうするという決断こそまさに福音のために自己を捨てることを意味しよう。かくてこのことなしではどこまでも自己を隠している姿勢がどこかに残っていると考えてよい。それではしかしインストルメントになっているとはいえない。だからといって何も大層なことをせねばならぬのではない。どこかに場所を借りてそこへ来る人々を相手に話をすればよい。世へ自己をさらけ出す決断こそ不可欠な要因ではないのか。さらけ出すことは真の意味で自己を捨てることを意味していよう。牧師、神父というような組織の一員としてというのではそういうことにはならない。組織によって守られているから。どこまでも一切の組織から独立した個人としての活動でなくてはならない。この場合には如何なる組織も自分を守ってはくれない。そうしうるのは神のみである。だからこそ自己が救済史のインストルメントだという確信にいたりうるのである。自己が真に無碍になっていれば自ずからそうなっていくであろう。他にはなりようがないであろう。さらけ出した存在となった自己とはどういうものなのか。世の荒波、風雨をもろに浴びる存在となっている。そのうちには誤解に基づいた批判もあることであろう。それらすべてに対応することはできないのではあるまいか。するとそこからさらに誤解を招いてしまう。結果、本来あるべき、また事実ある自己とはおよそかけ離れたものとみなされてしまい、そういう自分として批判の対象にされることにさえなろう。たとえそういう極端な場合がないまでも、正確に自己が一般の人々に理解されることが可能であろうか。彼らの立ち位置が自己のそれとは元来異なっている

第3章　良心と終末　*187*

から。なぜなら彼ら一般は世俗の世界に足をつけており、自分はそうでないから。足がそこに立つ場が異なれば同一物を見ても同じものには見えないから。見る角度が異なるので、同じものでも異なって見える。

　だが客観的には同一対象物にもかかわらずである。そしてしかも重要なことはそういういわばバイアスのかかった見方による対象物を自己に見えるその通りのものと思い込み、それに基づいて云々することである。信仰以外の物事についてもそういうことはいえるが、こと信仰については特にそういう面が顕著に出てしまうのではあるまいか。したがって信仰を伝えようとするにはまず第一に人々と自己との間の立ち位置の違いを念頭においておかねばならない。信仰に関わる事柄では特に例えば同じ文言についても受け取り方がまったく異なることも生じうる。なぜなら人々はその文言を自己に好都合なように解してしまう場合が多いであろうから。その反面その文言が自己へ向かっていわれている言葉として聞こうとはしないのではあるまいか。どちらかといえばそうすることは自己にとっては辛いことであるから。伝えようとする側から見れば、まずそういう壁を突破せねばならない。本来すべき話をしつつそのことを同時に達成しつつとなろう。他人は一切関係ない。どこまでもその文言が自分自身へ向けて発せられたものとして聞くことである。自分が全存在としてインストルメントになっていることが自分が救われているという自覚にとっては不可欠といえる。そのためには自分が集会の主催者である集会を行うことを求められよう。

　さらけ出すとは自己を捨てることである。そういう行いなしに自己を捨てているとはいえない。そうして初めて残されているところがなくなる。自分が自己のものとして保持しているものが消える。全体としてさらけ出したのだから。何らかの自分の一部をこれは是非とも自己のものだから捨てるわけにはいかないというものがなくなる。というよりそういう生き方、考え方、姿勢自体が消えてしまう。そういう姿勢がさらけ出すという行いによって置き換えられるのである。そういうネガティブな姿勢は何かポジティブなものによって代替されぬ限り消えはしない。ただ単に消すのみということは生じない。なぜならたとえ一時的にそうなっていてもすぐにまた元のものが入り込んできて、いつの間にかもとの木阿弥へと転落してしまう。無自体の中に人はとどまり得ない存在なのであろう。そうすることができるのは人を超えた存在のみである。いわば神の如き存在にして初

めて可能なのであろう。しかも一度さらけ出す行いをすればその後は守るべき自己はどこにもなくなる。そこで初めて神の霊が宿ることが可能になる。さらけ出したとき、何が待っているか分からない。そういう状況をあえて自己のものとして受け入れるという心の中での決断は同時に自己を捨てることとなる。たとえ集会をやっても最初の1か月は間は誰も来ないかもしれない。だがそういう間にこそ自分の信仰はかえって前進があるかもしれない。なぜならそういう無視された状況にあってこそ自我の残滓が消えていくからである。無視、つまり自己が無の只中に陥ることこそ神の創造の端緒へ立ち返ることを意味しているから。無視されている状況は自分としては避けたいのが実情である。だがそうであればこそそういう状況に自分をさらけ出していって自分を捨てねばならない。無視されればされるほどその分自我が失われ信仰が宿ることとなろう。 無視こそ歓迎すべきものであろう。罪のためにそういういわば一種の逆転現象が生じている。

　無視されることこそ救済史へ役立ち奉仕することを結果する。たとえそうとはいえ、ただ単に無視されることが必然的にそういう結果をもたらすであろうか。やはり自己が無視されることは同時に福音がそうされていることを意味しよう。それゆえにこそそういう結果がいわば副産物の如くに生じてくる。そういう点からいえば、最初のしばらくは誰も来ないほうがよいといえる。最初から人が来るとそれでよいこととなってしまうから。そういう状況の只中でこそ可視的世界の中のリアリティが同時に自分にとって消えていくのである。自我の残滓が消えることとこのこととは同時である。つまり結果として創造の原点へ帰ることとなる。その分神による創造、救済史などを信じることができることとなる。自己が無になってそこでは良心のみが生きることとなる。それはすなわち神に通じている。良心は超個人的次元に属している契機である。通常の人のあり方においては良心は罪という要因によって覆われている。そこで十分には機能しえていない。機能すればするほどその人の心は神へと近づくことができる。というよりも良心自体が神の一部として考えることもできる。否、そう考えねばならない。創造主たる神自体に人は近づくとはできない。それゆえに神は創造に当たって自己の一部と考えることもできる良心を人に与えることとされた。良心とはその内容が例えば十戒とか山上の垂訓かのように決めていわれてはいない。そこで不特定多数の場合にそれを適用していきうる。具体的規定があると人はその字句に拘泥する

という事態が生じよう。

　かくて良心には負うという状況は起こりえない。その点、例えば十戒よりより徹底している。具体的形のあるものは何事につけ限定的である。そういう形のないものこそあらゆるケースに対応しうる。その点、十戒よりも良心のほうがより普遍的で、しかもより根本的次元のものである。例えば十戒のような具体的規定のものは良心から引き出されてくるものの一部でしかないと考えてよい。十戒が良心を導くのではなくて、逆に良心が十戒を導く。確かに十戒はシナイ山で神よりモーセに与えられたものだが、その内実はむしろ逆と考えてよい。人には良心が前もって与えられていればこそ十戒をそれに基づいて受容しうる。そうでない限り十戒は頭の上を通り過ぎてしまうであろう。世とは決して信仰受容的世界ではない。にもかかわらずそこへ出て行くからこそ自己をさらけ出すといえる。自己とは異なる世界へ出て行くのである。信仰と不信仰、霊と肉、義と不義などの対立の只中に自己のみを置くことを意味する。もしそういうことを実行せねば自己は常に信仰側に留まっていることになる。だがそういう認識は根本的に誤りといえる。自己同一的世界に留まることは決して信仰側に存することではない。なぜならそれ自体が信仰に反する、義に反する要因を抱え込んでいるのだから。そこでそういう擬似的信仰界から世へ出ていってこそそこが信仰の世界といえる。つまり信仰的世界はあそこにある、ここにあるといえる如きものではない。そこにあると考えた瞬間にするりと手から滑り落ちる如き性格を有している。あると思うところにはなく、ないと思われるところにこそ存するものである。こういういわば一種の逆転現象が生じるのは人の罪によることはいうまでもない。そういう意味では信仰の世界は人の心の中にのみ存している。

　可視的世界への囚われがなくなれば、自己の死への囚われもなくなる。ということは40億年前に宇宙が創造されたことも消えてなくなる。つまり今のこの瞬間に、信仰の誕生のときに宇宙も自己も創造されることを意味する。信仰がすべてを始めさせるのである。それまではただ単なる生物として生きているに過ぎない。こういう仕方で誕生したら後はもはや死はない。霊の誕生なのだから。というより死ぬ自由もあれば再誕生の自由もある。あらゆる自由に対して開かれることとなる。もとより霊に反していることへの自由はないが。上のことを見方を変えれば、自分が無に徹し、良心に帰すれば、自分が今ここにおいて宇宙を創造し

たともいえるのではないか。なぜなら宇宙は客観的には以前から存しているとしても、それはただ物体として存しているに過ぎない。信仰の誕生とともに宇宙は宇宙として誕生する。創世記などを読んで「神は創造した」（創世記1, 1）とあると、すぐに40億年前の創造のことを連想する。だが真意はそうではない。いまここで信仰誕生と同時に宇宙が創造されるのである。

　つまりそこまでそういう宇宙の誕生をイメージしうるほどに可視的世界が本人にとっては意味を失っている。本人にとって意味を成してはいない。信仰誕生して初めて宇宙は意味を有する世界となる。そういう意味では世界（宇宙）は水の上に霊が漂っていたという記事をよんだが、そういう世界のようなものといえる。つまり信仰誕生以前では世界は一つの混沌とした、特に秩序もない世界に過ぎない。物理的秩序があってもそれは人格的秩序とはなりえない。人格的には意味のないこと。宇宙の存在自体が意味のないことに過ぎない。物理的次元と人格的次元とはそもそもどう関わるのか。人が人として生きる以上、後者が優先することはいうまでもない。もっとも前者がまったく存しなくては後者も存し得ないのは事実である。人が人格的存在として生きるために与えられ、備えられているものである。先にいったように死ぬこともできることによって、死は消えている。死と生とがいわば逆になっている。生が死となり、死が生となっている。生死逆転である。

　宇宙の物理的、人格的両次元と信仰における人の生死の逆転という次元との双方はどう関わるのか。前事項の前者から後者への移行は後事項での逆転というところまでは至ってはいない。せいぜい生の誕生に該当するであろう。決して生死逆転というまでの事態には至ってはいない。しかし厳密に考えれば前事項での移行は真正の意味での「人格」的とはいえないであろう。なぜならそれは一度無という通過点を通ってはいないから。したがってこれは可逆性もあるところの事柄に過ぎない。元へ戻ることが生じてしまう。それどころか行き来することにもなる。その限りにおいて何かが生じたと決めることはできない。本来的に反省すれば、何も生じてはいない。何かが真に生じるのは信仰において人の生死の逆転が生じてからのことである。そうなって初めて不可逆の事態が生じることとなる。ここで初めて宇宙は人格的観点から包摂されることとなる。つまり人が人格的に

第3章　良心と終末　*191*

宇宙に対して死の関係になることによって宇宙（世界や世をも含む）はやっと人格的観点から思考のうちへ組み入れられることとなる。いわゆる自然的宇宙と人間的意味での世とは一体的なものと考えられる。人が人格として生きるに当たってその環境を各々が形成していくものとして共通だからである。死の関係成就までは宇宙が人を規制している。かくてどちらかといえば宇宙が主体である。そういう規制下にある生に対して人が死ぬことによって人は自己の生とともに宇宙全体に対しても同時に死ぬこととなる。結果、人は全宇宙の主となることができる。死ぬことという契機によって人の存在は宇宙の外へと出てしまう。中にあることと外にあることとが同時現成である。というより外にあることを得て初めて中にもありえている。ただ物理的に中にあるのみでは中にあるとはいえない。人格的存在としては自己がその外にありえて初めて内にもありえている。宇宙に対して死ぬことによって、その外にあることとなる。こういう「死ぬ」によって人の心は被造物たる宇宙の側にではなく創造者の側につくこととなる。創造者と一体になりうることとなる。

　ところで、宇宙に対して死ぬとは具体的にはどういうことなのか。死ぬという以上、人は五官を有している。そこでそれらに対して宇宙が死んでいることを意味する。やはりそのうちで一番人の心を捉え虜にして困らせるのは死であろう。つまり人は種々のものを目で見てそれに囚われることが生じてしまうから。それに対して一般的には他の官のことは比較的問題にはなるまい。もっとも人によっては食道楽に陥り、舌という官が最大の問題という場合もあるにはあろう。この点はイエスも「『見える』とあなたたちは言っている。だから、あなたたちの罪は残る。」（ヨハネ 9, 41）という通りである。そこでもとより物理的には見えているが見ない、見えないという心のあり方が不可欠となる。ただし必要に応じて見うる、がしかし見ないということである。現実に世へ出て行って活動しうる状況になって初めて世に対して死んでいるといえる。なぜならそうできぬことは世に存する何らかのことが障害になっていればこそそうできぬのだから。かくて反対にそうできる場合には人を阻止する要因が世に存していないこととなる。ここでは人と世、宇宙とが相互に死にあっているといえる。自分にとり世界が死んでいて、しかもそこで自己のすべき活動をすることは自己が世、少なくとも世の一部を形作っていることを意味する。形作るとは換言すれば創造することである。

192 第2部 「天地」へ向けて

つまり自らは一部の世界の創造者でもある。自分自身は神によって創造された存在にもかかわらず、被造物者即創造者という独特な性格を持つ被造物ということになる。そういう心境になった場合には自分の文字通りの死はどういう仕方で自分の目に映るのであろうか。自分を全被造物の創造者にあやかって解釈しうるであろう。その際、いわゆる死はそれによって既に凌駕されているのであろうか。もしそうであれば死は意識のかなたへと消えている。そこで死ぬ、まさにその時においてさえも死ということを意識することはないであろう。仮に死という事実に直面してもそれをそういう事実として把握することは生じないであろう。ただ意識の表面を通り過ぎていくのみであろう。如何なる痕跡をもとどめることもないであろう。そういう意味で死は既に死んでいる。死に対して死ぬことは創造者にその分近づくことを意味する。なぜなら死は神の定め給うた次元の事柄であろうから。

つまり人と神との間を死が隔てているのだが、その隔てたる死の壁を取り払えば、神がその向こうに見えてくるという情景が入手できる。もっともそうとはいえ情景がたとえ見えても神自身を見ることは人にはできない。しかし人としてはそういう可能性を真に信じ得れば現段階においては十分であろう。パウロの告白「顔と顔とを合わせて」（第一コリント 13, 12）ということも、該当するであろう。こういう希望によって救われている。死に対する死によってとともに。後者が存していることによって前者も存している。世への死なしにそういう希望は希望として生きては来ない。逆に考えればそういう希望が希望として生きていてこそ人は世、宇宙に対して死の関係にあるといえる。いつかは今は分からないが、必ず相見える日が来ると信じることは不可欠の契機といえる。人格的内容を有する信仰と一の事態として存している不欠的契機といってよい。本当にリアルな希望になっている。しかもこういう希望は先ほどから述べている世へ自己を裸でさらけ出すことを行うことと平行して芽生える事柄ではないのか。なぜそうなのか。世にあってはいかなる他の希望もないというのみではそうはなるまい。より積極的要因が必要である。人格的、良心的内容がキーポイントとなろう。イエスとの再会はそういう事柄が橋渡ししてくれる状況といってよい。時間とか時とかという要因は長くても短くてもまったく無関係である。そういう意味では終末という契機も早かろうと遅かろうと何ら有意差はない。当然一旦眠りにつくのだから、今

がそのまま何らかの形で繋がっていく性格の希望ではない。そうではなく一旦切れて後に復活してくる希望である希望自体が人の死とともに一旦死に、後で復活してくるのである。キリストの十字架、復活のように。

　もしそうであれば切れるところはきっぱり切らねばならない。さもないと復活のときがすっきりとはいかなくなるであろう。というよりイエスとの再会という契機が余りにも信仰的に大きくて、大きすぎて他の一切はそれの前では消えたも同然となっているのが実体である。何といってもイエスを信じることはそれだけの重みを有することであって当然である。そういう点から見れば、大小長短なものなど一切が目前から消え、イエス・キリスト一人のみが自己の目前に立っているというのがそのあるべき姿である。生きているのだから自分の目前に具体的姿として固定的に、例えば仏像のような形で存することはできない。何といってもイエスは復活して生きているのだから。そういうイエスの手はありとあらゆるところへ届いている。そこで人の姿を有している姿としてイメージすることはできない。生前のイエスはまさに人の姿をしていた。だが復活後は違う。人の姿を脱していわば本来のあり方へと戻っているのだから。ではどのように今のイエスをイメージすればよいのか。まさにイエスの「御手」から逃れることはできない。ありとあらゆるところに充満しているのでイメージができない。そういう意味ではどこにもいる。いないところはない。そんなことをいったり考えたりする必要はない。自分のすぐ目近かで自分の生きる力となってくれていると感じうるのが実体といってよい。そのように日常生活において感じていればもはやイエス云々を思案することはない。既に来ている存在について論じるのは本末転倒である。こういうイエスの臨在を感じて初めてイエスを信じているといえる。もはやイエスをただ信じているのではなくてイエスとともに生きているのである。というよりイエスという存在の中に生きている。宇宙という存在の中でそれまでは生きてきたが、今やそうではなくてイエスという存在の中で生きている。入れ物が代わったのである。目に見えている入れ物は代わりはしないのだが、その内実が代わったのである。先の宇宙という入れ物はただの入れ物だった。

　一方、後のイエスという入れ物は無限の容積があるので、宇宙をそのまま入れている。結果、人も自ずから入っている。入らぬことはできない。しかしアウグスティヌスがとりもちがくっつくようにくっつくというように、内容は異なるが、

194 第2部 「天地」へ向けて

まさにそれの如く人の周りに罪の如くとりつく。罪と霊となので内容は正反対の
ものである。だがそのあり方はあえて類似と考えることもできよう。人のあり方
が無に帰すれば、霊はそういうあり方を顕にしてくる結果になる。霊、イエスが
人が生きている間は導いてくれ、先での希望を与え続け、生の終わりのときにお
いても人を支える。特にここでは具体的にどのようにして支えるのか。ここに一
人の自己の死をまじかに自覚している人がいるとしよう。さて、イエスはどのよ
うに助言するであろうか。本人が死について悩んでいればそれに付き添わねばな
るまい。つまり本人各々の心のあり方を優先してそれに添うのである。人の心が
無になっていれば自ずからそのように感じうるであろう。その限り死を特別の事
柄として受け取ることもなくなろう。イエスなり神なりが適切な時期だと判断す
るときがくれば、その意思によって人を蘇らせるなどを行い、宇宙を再創造され
よう。

　復活とかその後の生を信じることは今現在においてはイエスが我が身に付き
添ってくれることとして感じている。今現在人の身近に付き添いもしない存在が
先々で人を蘇らせたりなどを行い宇宙を再創造するなどありえない。何といって
も今現在において付き添っていてくれることが第一のことである。そこからして
他の種々のことが生まれてくる。何事につけそうだが、人は今ここにおいて生き
ている。そこで現在、今という契機第一なのは当然である。現在がすべてであ
る。現在に基づいて何かを考えるのである。現在に何らかの根拠があればこそそ
れに基づいて将来的次元のことへも思いをいたしうる。現在さえありえていれ
ば先のことや過去のことはどうであってもよい。かくて将来での復活はあるのな
らあってよいというのみである。あえてこだわることもない。パウロも事実そう
だったように。そういう点から考えても、今現在において集会を主催することは
大変重要である。そうあってこそ今現在においては信仰の全面開花を見うるから
である。今全的に恵みが満ち働くことが実現してさえいればそこへ自己の全存在
を没入させて生きていき得るであろう。信仰の余りはでない。信仰をリアルに感
じれば、それで十分なのである。パウロも自分たちの現状に囚われぬ態度を見せ
ている（第一コリント 7, 22）が、これが無碍即良心たる信仰の究極の一形態で
あろう。

あとがき

　現在までの過程を振り返ってみると、本書は信仰的にある一定のところへ達して以後のことであり、そういう状況が基本的に持続して存在すると考えられる。達した状況の中に立って信仰外の世界を視野に収めて、心の中に浮かんでくる考えを整理したものである。いわば内から外へと心は向いているといってよい。そのことによって信仰的にいわば一つだけ残っている最後の階段を上がった、逆にいえば最後まで残っていた障害が消えた心境になったことを契機として記述したものであることを示しておきたい。やはり最後の階段、障害という点は基本的に心境の中での一つの変化であると思う。一定のところへ達したという事態が根本的事態として存在しており、そこからの展開と考えることができよう。

　このマークは無碍即良心と一体的なイエス信を表示するためのものである。マークの具体的表示は以下の通りである。外側の大きい輪は禅でもしばしば丸を

描く如く無碍を表示する。その内側にある三角形を逆さに二重にしたしるしは旧約聖書を表示する。角の3箇所を塗り潰したのはイスラエルの国旗と同じではユダヤ教の表示となってしまうから。中心のギリシア文字シグマの大文字は新約聖書での良心の頭文字（ギリシア語の大文字）である。これらの図形を組み合わせたものである。そして内側の輪は新旧約両聖書の一体性を表している。

　なお、このマークは信仰の対象についてのものではなく、信じる主体についてのものである。従来の西洋化されたキリスト教での十字架のしるしは信仰の対象についてのものであった。客体から主体への転換という相違がここには存している。

　信仰の名称はただキリスト教というよりも、少々長くはなるがイエス・キリスト教というほうが相応しい。そのほうが信仰のあるべき実体をよく現すと考えられる。なぜなら人間としては十字架上のキリストよりも地上のイエスへと目を向けねばならぬからである。あえてどちらかを選ばねばならぬのなら、キリスト教徒というよりは「イエス信徒」の方を選ぶほかはない。イエス自身「自分の十字架を担ってわたしに従わない者は、わたしにふさわしくない。」（マタイ 10, 38）といっているのだから。十字架に架けられたキリストとして対象化されると、そういう人にとっての肝心のところが脱落してしまう。先の面は神の立場に立ってこそ存しうるものである。人はどこまでも自己の立場に立たねばならない。神の立場へと飛躍することは赦されない。イエスは確かに多くの人が赦されるための私の血といっている（マタイ 26, 28）。しかもぶどう酒を血になぞらえている。

　無碍即良心というとき無碍はキリストに、良心はイエスに対応して考えることもできよう。かくてやはりイエス・キリスト教である。否、むしろ反対か。つまり無碍なるがゆえにイエスに良心的に従いゆきうる。一方、良心という契機あるゆえにイエスの十字架での罪の赦しを受け入れられる。どちらに考えることもできる。どちらから考えても肯定しうることで、その分余計に真実感が増す。

　「自分の十字架を担ってわたしに従わない者は、わたしにふさわしくない。」（マタイ 10, 38）、「わたしの肉はまことの食べ物、わたしの血はまことの飲み物だからである。」（ヨハネ 6, 55）という二面がある。まさにイエス・キリストである。どちらも外せない。しかし人は楽なほうへと傾く。そこで後者のほうへと。

だからこそ逆に前者へこそ人としては重点をおくを要す。自分の十字架を負って従っていてこそぶどう酒を十字架に架けられたイエスの血として飲む心情が心底より生まれてこよう。その点前者こそが双方の基礎を形成している。自分自身の十字架を負っている者こそがイエス自身の十字架上での血を飲む資格が生まれてくる。自身の十字架を負うことは本人が自己の良心的判断に従うことを求めよう。したがって自身が自分の十字架を負っているか否かは自分で判断できる。もし資格がないと感じるのにあえてぶどう酒をイエスの血として飲めばかえって自ら罰を招く結果となろう。赦しがそこにあることは同時に不適切な受け取り方は罰を引き寄せる結果になる。このことを決して忘れてはならない。日本においてでさえ触らぬ神に祟りなしというではないか。

　本書の第2部はいわば最後に残っている一つの階段を上ることを意識し始めた2015月8月下旬以後に記したものである。

　2017月10月

■ 著者紹介

名木田　薫　（なぎた　かおる）

昭和 14 年　　岡山県に生まれる
昭和 37 年　　京都大学経済学部卒業、その後 3 年間武田薬品工業(株)勤務
昭和 40 年　　京都大学文学部学士編入学　基督教学専攻
昭和 47 年　　京都大学大学院博士課程単位取得退学、和歌山工業高専講師
昭和 60 年　　岡山理科大学教授
平成 5 年　　ドイツ・チュービンゲン大学神学部へ留学（1 年間）
平成 7 年　　倉敷芸術科学大学教授
平成 15 年　　同大学退職（3 月末）

最近の著書
『個の主体性による「日本」創造』（朝日出版、2012）
『キリスト「秘」』（朝日出版、2015）
『キリスト「生」く ― 現実での相 ―』（朝日出版、2016）

名木田薫著作集全 3 巻
1.『個主体の民主制「実体」』化（大学教育出版、2018）
2.『「個」欠落改造』（大学教育出版、2018）
3.『天地人 ― 世からイエス固着へ ―』（大学教育出版、2018）
名木田薫著作集全 15 巻（電子版）は 2018 年春までに刊行予定

天地人 ― 世からイエス固着へ ―

2018 年 1 月 15 日　初版第 1 刷発行

■ 著　　　者 ―― 名木田薫
■ 発 行 者 ―― 佐藤　守
■ 発 行 所 ―― 株式会社 **大学教育出版**
　　　　　　　　〒 700-0953　岡山市南区西市 855-4
　　　　　　　　電話（086）244-1268　FAX（086）246-0294
■ 印刷製本 ―― モリモト印刷 ㈱

© Kaoru Nagita　2018, Printed in Japan
検印省略　　落丁・乱丁本はお取り替えいたします。
本書のコピー・スキャン・デジタル化等の無断複製は著作権法上での例外を除き禁じられています。本
書を代行業者等の第三者に依頼してスキャンやデジタル化することは、たとえ個人や家庭内での利用で
も著作権法違反です。
ISBN978 - 4 - 86429 - 493 - 5